ÜLIMINE CINCO DE MAYO KOKARAAMAT

Tacost Tresini Leches , avastage Cinco de Mayo tõeline olemus 100 suussulava retseptiga

Igor Kuznetsov

Autoriõigus materjal ©2024

Kõik õigused kaitstud

Ühtegi selle raamatu osa ei tohi mingil kujul ega vahenditega kasutada ega edastada ilma kirjastaja ja autoriõiguste omaniku nõuetekohase kirjaliku nõusolekuta, välja arvatud ülevaates kasutatud lühikesed tsitaadid . Seda raamatut ei tohiks pidada meditsiiniliste, juriidiliste või muude professionaalsete nõuannete asendajaks.

SISUKORD

SISUKORD **3**
SISSEJUHATUS **6**
TACOS **7**
    1. SLOW COOKER CHICKEN TACOS 8
    2. TSITRUSVILJADE JA ÜRTIDE KANA TACO 10
    3. MAGUSKARTULI JA PORGANDI TINGA TACOS 12
    4. KARTULI JA CHORIZO TACOD 14
    5. SUVISED CALABACITAS TACOS 16
    6. KREEMJAS KANA JA AVOKAADO TACOS 18
    7. GRILLITUD SEALIHA TACOS JA PAPAIASALSA 20
    8. TÜKELDATUD SEALIHA TACOS 22
    9. KANA MAISI TACOD OLIIVIDEGA 24
    10. KANA CHILI VERDE TACOS 26
    11. CHEDDARI KANA SÖESTUNUD MAISI TACOD 28
    12. GRILLITUD KREVETTIDE JA MUSTADE UBADE TACOD 30
    13. BLACKENED CABO FISH TACOS 32
    14. VÜRTSIKAD KREVETTIDE TACOD 34
    15. TILAPIA TACOS 36
    16. KANA TACOD RIISI JA ŠERRIGA 38
    17. GRILLITUD KANA JA PUNASE PIPRA TACO 40
VEISELIHA JA LAMBALIHA **42**
    18. VEISELIHA TACOS 43
    19. VEISELIHA , METSSEENE JA POBLANO TACOS 45
    20. MADALA RASVASISALDUSEGA VEISELIHA JA OA TACOD 47
    21. VEISELIHA CHEDDAR TACOS 49
    22. BBQ VEISELIHA TACOS 51
    23. TACOS DE BARBACOA 53
ENCHILADAS **55**
    24. KREVETID JA JUUST ENCHILADAS 56
    25. KANA JA JUUSTU ENCHILADAS VERDEGA 58
    26. TAIMETOITLASED MUSTAD OAD JA JUUST ENCHILADAS 60
    27. PÕHILISED VEISELIHA ENCHILADAS 62
    28. VEISELIHA JA OAD ENCHILADAS 64
    29. VÜRTSIKAS VEISELIHA ENCHILADAS 66
    30. MIXED BEAN ENCHILADAS 68
    31. ENCHILADA MUSTADE UBADE LASANJE 70
    32. CHEESY CHICKEN ENCHILADAS 72
    33. KREEMJAS KANA ENCHILADAS KOOS POBLANO KASTE 74
    34. KANA ENCHILADAS VERDE KASTMEGA 77
    35. KREEMJAS KANA ENCHILADAS TOMATILLO KASTMEGA 79
    36. KANA ENCHILADA NACHOS 82

37. Must oa ja maisi enchiladas 84
KALA JA MEREANDID 86
    38. Krevetid Enchiladas 87
    39. Krabi Enchiladas..89
    40. Mereannid Enchiladas 91
    41. Lõhe Enchiladas 93
    42. Veiseliha Enchiladas omatehtud kastmega....................................95
    43. Veiseliha Enchiladas rohelise kastmega 97
    44. Slow Cooker Beef Enchiladas 99
GUACAMOL 101
    45. Küüslaugune guacamole...102
    46. Kitsejuust Guacamole 104
    47. Hummus Guacamole 106
    48. Kimchi Guacamole 108
    49. Spirulina Guacamole Dip 110
    50. Kookos-laimi guacamole...112
    51. Nori Guacamole...114
    52. Passion Fruit Guacamole 116
    53. Moringa Guacamole 118
    54. Mojito Guacamole 120
    55. Mimosa Guacamole 122
    56. Päevalill Guacamole 124
    57. Dragon Fruit Guacamole 126
TAMALES 128
    58. Cinco De Mayo Margarita Tamales...129
    59. Uued Mehhiko sealiha tamaled 131
    60. Punase-Tšiili sealiha tamaled 134
    61. Hakitud liha Tamales 137
    62. Tükeldatud sealiha tamaled 140
    63. Time-Warp Tamales 143
    64. Tamales kana ja salsa verdega 146
    65. Kana Tamales paprika ja basiiliku kastmega...............................149
    66. Tšiili maitsestatud püreestatud maisitamalesid 152
    67. Succotash Tamales 154
    68. Sweet Bean Tamales...156
    69. Magusad musta riisi tamaleed koos Ha Gow'ga 159
    70. Roheline maisi Tamale pajaroog..163
    71. Kapsas Tamales...165
    72. Chilahuates (banaanilehtedesse mähitud tamale).....................167
    73. Krevetid ja maisid..170
    74. Homaar ja avokaado...172
    75. Krabi ja röstitud punase pipraga tamalased 174
    76. Lõhe ja tilli Tamales 176

CHURROS **178**
   77. Põhilised praetud churros 179
   78. Põhilised küpsetatud churros 181
   79. Kaneeli Churros 184
   80. Viie vürtsi Churros 186
   81. Vürtsikas Corn Churros 188
   82. Šokolaad Churros 191
   83. Karamelliga täidetud Churros 193
   84. Dulce De Leche Churros 195

FLAN **197**
   85. Šokolaadiflan 198
   86. Vanilla Baileys Caramel Flan 200
   87. Vürtsikas Horchata Flan 202
   88. Vürtspipart 205

TRES LECHES KOOK **207**
   89. Passionfruit Tres Leches kook 208
   90. Guajaav Tres Lechesi kook 211
   91. Baileys Tres Lechesi kook 214
   92. Valge vene Tres Leches 217
   93. Virsik Bourbon Tres Leches 220
   94. Margarita Tres Lechesi kook 223
   95. Pumpkin Spice Tres Lechesi kook 225
   96. Cinnamon Tres Lechesi kook 228

MAGUSTOTAAVID **231**
   97. Cinco De Mayo Fiesta magustoidulaud 232
   98. Churro magustoidulaud 234
   99. Tres Lechesi magustoidulaud 236
   100. Mehhiko puuviljasalati magustoidulaud 238

KOKKUVÕTE **240**

SISSEJUHATUS

Tutvustame "ÜLIMINE CINCO DE MAYO KOKARAAMAT", teie passi Cinco de Mayo pidustuste elavasse ja maitsvasse maailma. Sellel kulinaarsel teekonnal kutsume teid avastama selle piduliku puhkuse tõelist olemust 100-st suussulavast retseptist koosneva kureeritud kogumi abil, mis ulatuvad tacodest tresideni . leches ja kõik, mis sinna vahele jääb. Cinco de Mayo on midagi enamat kui lihtsalt mälestuspäev; see on Mehhiko kultuuri, ajaloo ja loomulikult uskumatu köögi pidu.

Selle kokaraamatu lehekülgedel avastate retseptide aarde, mis kajastab Cinco de Mayo vaimu ja maitseid. Alates klassikalistest roogadest nagu tacos, enchiladas ja guacamole kuni pidulike magustoitudeni nagu churros, flan ja muidugi tres leches kooki, iga retsept on loodud Mehhiko köögi erksaid värve ja julgeid maitseid esile kutsuma. Ükskõik, kas korraldate sõpradega pidulikku pidu või soovite lihtsalt perega maitsvat einet nautida, need retseptid rõõmustavad kindlasti teie maitsemeeli ja viivad teid Mehhiko südamesse. " ÜLIMINE CINCO DE MAYO KOKARAAMAT" eristab tema pühendumus autentsusele ja kulinaarsele tipptasemele. Iga retsept on hoolikalt valitud ja testitud tagamaks, et see kajastab Cinco de Mayo tõelist olemust, austab Mehhiko rikkalikke kulinaarseid traditsioone, pakkudes samas tänapäeva kodukokkadele ka moodsat hõngu . See kokaraamat on hõlpsasti järgitavate juhiste, kasulike näpunäidete ja vapustava fotograafiaga juhendiks unustamatute Cinco de Mayo pidusöökide loomiseks.

Kui asume koos sellele kulinaarsele seiklusele, tänan südamest, et ühinesite minuga Cinco de Mayo elavate maitsete ja rikkaliku kultuuripärandi tähistamisel. Olgu teie köök täidetud särisevate tacode, vürtsikate salsade ja dekadentsete magustoitude aroomidega ning toogu iga suutäis teid selle rõõmsa puhkuse vaimule lähemale. Niisiis, haara põll, terita noad ja ole valmis alustama maitsvat teekonda läbi Mehhiko maitsete. ¡Ela Cinco de Mayo!

TACOS

1. Slow Cooker Chicken Tacos

KOOSTISOSAD:
- 2 naela kanarinda või reied
- 8 tükki orgaanilist või tavalist tortillat
- 1 tass orgaanilist või omatehtud salsat
- ½ tassi vett
- 2 tl jahvatatud köömneid
- 2 tl tšillipulbrit
- 1 tl küüslaugupulbrit
- 1 tl jahvatatud koriandrit
- ¼ tl Cayenne'i pipart (rohkem kuumuse saamiseks)
- ½ tl meresoola
- ¼ tl musta pipart
- Lisandid: valitud värsked hakitud köögiviljad, värske koriander, oliivid, avokaado, värske salsa, laimiviilud jne.

JUHISED:
a) Pange kanatükid aeglasesse pliiti koos vee, jahvatatud köömne, tšillipulbri, küüslaugupulbri, jahvatatud koriandri, Cayenne'i pipra, soola ja pipraga. Sega kana katteks.
b) Küpseta kõrgel kuumusel 4–5 tundi.
c) Eemalda kana ja tükelda. Tõsta tagasi aeglasele pliidile ja küpseta veel 30 minutit.
d) Serveerige kana tortilla wrapid ja lisage salsa ja lisandid omal valikul.

2.Tsitrusviljade ja ürtide kana Taco

KOOSTISOSAD:
TACOS
- 6 Kana reied, nahaga
- 3 kanarinda, nahaga
- 2 laimi, koor ja mahl
- 2 sidrunit, koor ja mahl
- 1 tass segatud värskeid ürte
- ¼ tassi vermutit või kuiva valget veini
- ¼ tassi oliiviõli
- 1 tl köömneid, röstitud
- 1 tl koriandrit, röstitud
- 1 tl küüslauk, hakitud

GARNISEERIMISIDEED:
- Korjatud Cilantro Laimi viilud Redise tikud
- Juulieneeritud salat (spinat, jäämägi, või või kapsas)
- Pico de Gallo
- Riivitud Juust
- Hapukoor
- Marineeritud kuum paprika

KOOSTAMA
- 12 jahu tortillat

JUHISED:
TACOS
a) Sega kõik koostisosad ja lase kana marineerida vähemalt 4 tundi.
b) Grilli kana, nahk allapoole esmalt grillil.
c) Kui see on piisavalt jahtunud, et jämedalt hakkida.

TAKODE KOKKUVÕTMISEKS
a) Võtke kaks tortillat ja pange mõlemasse umbes ¼ kanaliha ja lisage soovitud lisanditega.
b) Serveeri musta oa ja riisi salatit koos tacodega.

3.Maguskartuli ja porgandi Tinga Tacos

KOOSTISOSAD:
- ¼ tassi vett
- 1 tass õhukeseks viilutatud valget sibulat
- 3 küüslauguküünt, hakitud
- 2 ½ tassi riivitud maguskartulit
- 1 tass riivitud porgandit
- 1 purk (14 untsi) kuubikuteks lõigatud tomatid
- 1 tl Mehhiko pune
- 2 Chipotle paprikat adobos
- ½ tassi köögiviljapuljong
- 1 avokaado, viilutatud
- 8 tortillat

JUHISED:
a) Suurel praepannil keskmisel kuumusel lisa vesi ja sibul ning küpseta 3–4 minutit, kuni sibul on läbipaistev ja pehme. Lisage küüslauk ja jätkake küpsetamist segades 1 minut.
b) Lisa pannile bataat ja porgand ning küpseta sageli segades 5 minutit.

KASTE:
c) Asetage kuubikuteks lõigatud tomatid, köögiviljapuljong, pune ja chipotle paprika blenderisse ja töötle ühtlaseks massiks.
d) Lisa pannile chipotle-tomatikaste ja küpseta aeg-ajalt segades 10-12 minutit, kuni bataat ja porgand on läbi küpsenud. Vajadusel lisa pannile veel köögiviljapuljongit.
e) Serveeri soojadel tortilladel ja tõsta peale avokaadoviilud.

4. Kartuli ja Chorizo tacod

KOOSTISOSAD:
- 1 spl taimeõli, valikuline
- 1 tass sibul, valge, hakitud
- 3 tassi kartulit, kooritud, tükeldatud
- 1 tass vegan chorizo, keedetud
- 12 tortillat
- 1 tass Sinu lemmiksalsat

JUHISED:
a) Kuumuta suurel pannil keskmisel-madalal kuumusel 1 spl õli. Lisa sibul ja küpseta, kuni see on pehme ja poolläbipaistev, umbes 10 minutit.
b) Sibulate küpsetamise ajal asetage lõigatud kartulid soolaga maitsestatud veega väikesesse kastrulisse. Kuumuta vesi kõrgel kuumusel keemiseni. Alanda kuumust keskmisele ja lase kartulitel 5 minutit küpseda.
c) Nõruta kartulid ja lisa koos sibulaga pannile. Keera kuumus keskmisele-kõrgele. Küpseta kartuleid ja sibulat 5 minutit või kuni kartulid hakkavad pruunistuma. Vajadusel lisa veel õli.
d) Lisa pannile keedetud chorizo ja sega korralikult läbi. Küpseta veel üks minut .
e) Maitsesta soola ja pipraga.
f) Serveeri soojade tortillade ja enda valitud salsaga.

5.Suvised Calabacitas Tacos

KOOSTISOSAD:
- ½ tassi köögiviljapuljongit
- 1 tass sibul, valge, peeneks hakitud
- 3 küüslauguküünt, hakitud
- ¼ tassi köögiviljapuljongit või vett
- 2 suvikõrvits, suur, lõigatud kuubikuteks
- 2 tassi Tomat, tükeldatud
- 10 tortillat
- 1 avokaado, viilutatud
- 1 tass lemmiksalsat

JUHISED:
a) Suures paksupõhjalises potis asetage keskmisele kuumusele; higista sibulat ¼ tassi köögiviljapuljongis 2–3 minutit, kuni sibul on läbipaistev.
b) Lisage küüslauk ja valage ülejäänud ¼ tassi köögiviljapuljongit, katke ja laske aurutada.
c) Avage kaas, lisage suvikõrvits ja küpseta 3–4 minutit, kuni see hakkab pehmenema.
d) Lisa tomat ja küpseta veel 5 minutit või kuni kõik köögiviljad on pehmed.
e) Maitsesta maitse järgi ja serveeri soojadel tortilladel avokaadoviilude ja salsaga.

6.Kreemjas kana ja avokaado tacos

KOOSTISOSAD:
- 1 unts küps avokaado
- 2 spl madala rasvasisaldusega naturaalset jogurtit
- 1 tl sidrunimahla
- Sool ja pipar
- Mõned salatilehed, hakitud
- 1 šalottsibul või 3 talisibulat, kärbitud ja viilutatud.
- 1 Viiludeks lõigatud tomat
- Veerand pipart, peeneks hakitud
- 2 Taco kestad
- 2 untsi röstitud kana, viilutatud

JUHISED:
a) Püreesta väikeses kausis avokaado kahvliga ühtlaseks massiks. Lisa jogurt ja sidrunimahl ning sega, kuni segu on segunenud. Maitsesta soola ja pipraga.
b) Segage salat, šalottsibul või talisibul, tomat ja roheline või punane pipar.
c) Soojendage taco kestasid mõõduka grilli all 2–3 minutit.
d) Eemaldage need ja täitke need salatiseguga. Tõsta peale kana ja tõsta lusikaga peale avokaadokaste. Serveeri kohe.

7. Grillitud sealiha tacos ja papaiasalsa

KOOSTISOSAD:

- 1 papaia; kooritud, seemnetest puhastatud, lõigatud ½ tolli kuubikuteks
- 1 väike punane tšilli; seemnetest ja peeneks hakitud
- ½ tassi punast sibulat; hakitud
- ½ tassi punast paprikat; hakitud
- ½ tassi värskeid piparmündi lehti; hakitud
- 2 spl laimimahla
- ¼ naela sealiha kondita sisefilee; lõika ribadeks
- ½ tassi värsket papaiat; hakitud
- ½ tassi värsket ananassi; hakitud
- 10 jahutortillat, soojendatud
- 1½ tassi Monterey Jacki juustu; hakitud (6 untsi)
- 2 supilusikatäit margariini või võid; sulanud

JUHISED:

a) Küpseta sealiha 10-tollisel pannil keskmisel kuumusel umbes 10 minutit, aeg-ajalt segades, kuni see ei ole enam roosa; äravool.
b) Sega juurde papaia ja ananass. Kuumuta aeg-ajalt segades kuumaks. Kuumuta ahi temperatuurini 425 F.
c) Lusikatäis umbes ¼ tassi sealihasegu poolele igale tortillale; kalla peale umbes 2 supilusikatäit juustu.
d) Voldi tortillad ületäidisega. Asetage viis täidetud tortillat määrimata tarretisrulli pannile, 15 ½ x 10 ½ x 1 tolli; pintselda sula margariiniga.
e) Küpseta kaaneta umbes 10 minutit või kuni helekuldpruunini. Korrake ülejäänud tacodega. Serveeri papaia salsaga.

8. Tükeldatud sealiha tacos

KOOSTISOSAD:
- ½ naela seapraad
- 12 pehmet omatehtud tacot
- 1 tass viilutatud sibulat
- ½ tassi tükeldatud tomateid ja 1 avokaado
- 1 purk tomatit ja 2-3 jalapeno tšillit
- ½ tassi hapukoorekastet
- 1 ancho tšilli ja 1 tass vett
- 1 tass hakitud salatit
- ½ tl soola ja pipart
- 1 tass hakitud Cheddari juustu

JUHISED:
a) Võtke suur kastrul ja lisage tükeldatud sealiha, köögiviljad, vesi ja maitseained, keetke aeg-ajalt segades 20 minutit. Eemaldage köögiviljad ja kanaliha keeduvedelikust ning tükeldage need väikesteks tükkideks.
b) Pange omatehtud tortillad salati, sealiha, köögiviljade, hapukoorekastme, riivitud juustu, kuubikuteks lõigatud tomatite ja avokaadodega kokku.

9.Kana maisi tacod oliividega

KOOSTISOSAD:
- ⅔ tass pluss 2 spl. keedetud kanarind; hakitud
- 1 pakk Taco maitseainesegu
- 3 untsi konserveeritud Mehhiko stiilis maisi; kuivendatud
- 4 Taco kestad või jahutortillad
- ⅓ tassi pluss 1 spl. salat; hakitud
- ½ keskmist tomatit; hakitud
- 1 spl pluss 2 tl viilutatud küpseid oliive
- 1 unts riivitud cheddari juustu

JUHISED:
a) Sega pannil keskmisel-kõrgel kuumusel kana ja taco maitseainesegu.
b) Lisa tacotäidise jaoks pakendil märgitud kogus vett. Kuumuta keemiseni. Vähenda kuumust keskmisele.
c) Hauta aeg-ajalt segades 5–10 minutit või kuni vesi on aurustunud. Segage mais ja küpseta, kuni see on põhjalikult kuumutatud.
d) Samal ajal kuumuta taco kestad või tortillad vastavalt pakendil olevale juhisele. Täida iga koor ¼ tassi kanatäidisega.
e) Lisage igaüks salati, tomati, oliivide ja juustuga.

10. Kana Chili Verde Tacos

KOOSTISOSAD:
- 3 tassi hakitud kapsast
- 1 tass värsket koriandrit – kergelt pakitud
- 1 tass rohelist tšilli salsat
- 1 nael kondita nahata kana rinnad
- 1 tl salatiõli
- 1 kondita nahata kana rinnad – pikuti viilutatud
- 3 küüslauguküünt – hakitud
- 1 tl Jahvatatud köömned
- ½ tl Kuivatatud pune
- 8 jahutortillat
- Vähendatud rasvasisaldusega või tavaline

JUHISED:
a) Sega serveerimisnõus kapsas, koriander ja salsa; kõrvale panema.
b) Lõika kana risti ½ tolli laiusteks ribadeks. Segage 10–12-tollisel mittenakkuval pannil keskmisel kõrgel kuumusel 2 minutit õli, sibulat ja küüslauku. Tõstke kuumust kõrgeks, lisage kana ja segage sageli, kuni liha pole keskelt enam roosa, 4–6 minutit.
c) Lisa köömned ja pune; segage 15 sekundit. Tõsta lusikaga serveerimisnõusse. 3.
d) Mähi tortillad riidest rätikusse ja küpseta mikrolaineahjus täisvõimsusel kuni kuumaks, umbes 1½ minutit. Lauas tõsta lusikaga kapsa- ja kanasegud tortilladesse.

11. Cheddari kana söestunud maisi tacod

KOOSTISOSAD:
- ⅔ tass pluss 2 spl. keedetud kanarind; hakitud
- 1 pakk Taco maitseainesegu
- 3 untsi söestunud maisi
- 4 Taco kestad või jahutortillad
- ⅓ tassi pluss 1 spl. salat; hakitud
- ½ keskmist tomatit; hakitud
- 1 spl pluss 2 tl viilutatud küpseid oliive
- Hapukoor
- 1 unts riivitud cheddari juustu

JUHISED:
a) Sega pannil keskmisel-kõrgel kuumusel kana ja taco maitseainesegu.
b) Lisa tacotäidise jaoks pakendil märgitud kogus vett. Kuumuta keemiseni.
c) Vähenda kuumust keskmisele. Hauta aeg-ajalt segades 5–10 minutit või kuni vesi on aurustunud.
d) Segage mais ja küpseta, kuni see on põhjalikult kuumutatud.
e) Samal ajal kuumuta taco kestad või tortillad vastavalt pakendil olevale juhisele. Täida iga koor ¼ tassi kanatäidisega.
f) Lisage igaüks salati, tomati, oliivide ja juustuga.
g) Nirista peale hapukoor.

12. Grillitud krevettide ja mustade ubade tacod

KOOSTISOSAD:
- 1 kilo kooritud krevette
- 12 maisi tortillat
- 2 spl tšillipulbrit
- 1 ½ supilusikatäit pressitud laimimahla
- 1 tass musti ube
- Pico de Gallo
- ½ tl neitsioliiviõli
- ¼ teelusikatäit soola
- 6 vardast

JUHISED:
a) Kuumuta grill, seejärel valmista kaste, kuumutades keskmisel pannil mustad oad, laimimahl, tšillipulber ja sool.
b) on moodustunud ühtlane pasta , valmistage krevetivardad. Neid tuleb praadida umbes 1-2 minutit mõlemalt poolt, seejärel pintseldada iga krevetti ja grillida veel 2 minutit.
c) Ehitage oma tortilla, lisades krevette, kastet ja maitseaineid.

13. Blackened Cabo Fish Tacos

KOOSTISOSAD:
- 1½ naela valget kala ja 8 untsi kalamarinaadi
- 12 maisi tortillat
- ¾ naela Aasia salat
- 9 spl laimi hapukoort
- 4 untsi võid
- 7 supilusikatäit chipotle aioli
- 7 supilusikatäit Pico de Gallo
- 2 spl musta pipra vürtsi
- Chipotle Aioli
- ¾ tassi majoneesi
- 1 tl laimimahla
- 1 spl sinepit
- Kosher sool ja jahvatatud must pipar
- 2 chipotle paprikat

JUHISED:
a) Hakake keskmisesse kastrulisse sulatama soolata või, lisage marineeritud valge kala, puistake peale veidi musta pipra vürtsi ja praege neid 2 minutit mõlemalt poolt.

b) Soojendage iga tortilla mõlemalt poolt ja lisage praetud kana, chipotle aioli kaste, mõned Pico de Gallo, Aasia slaw ja mõned maitseained.

14. Vürtsikad krevettide tacod

KOOSTISOSAD:
- 4 madala süsivesikusisaldusega tortillat
- 4 spl mango salsakastet
- 16 suurt krevetti
- 1 supilusikatäis värsket hakitud koriandrit
- 1 tass Rooma salatit
- ½ tassi cheddari juustu
- 4 tl tšillikastet
- ½ tassi praetud sibulat
- 1 laimi mahl

JUHISED:
a) Alusta krevettidega, marineerides ja vardades neid siracha kastmes 5 minutit.
b) Lülitage grill sisse ja küpsetage sibulaid paar minutit, kuni see on hästi küpsenud.
c) Asetage iga tortilla maha ja lisage hapukoor, krevetid, salat, riivitud juust, grillitud sibul ja muud maitseained.

15. Tilapia tacos

KOOSTISOSAD:
- 1 nael Tilapia kalafilee
- 2 valget maisi tortillat
- ½ viilutatud avokaadot
- ¼ tl oliiviõli
- 1 tomat
- 1 valge sibul
- 1 laimi mahl
- 1 peotäis koriandrit

JUHISED:
a) Kuumutatud ahjus hautage tortillasid ja tilapia kalafileed mõlemalt poolt, kuid maitsestage kala veidi oliiviõli, soola ja pipraga. Sega keskmises kausis tomat, laimimahl , sibul ja maitseained.
b) Aseta igale tortillale kena kiht hakitud kala, lisa kausist saadud segu ja viilutatud avokaado, seejärel aseta peale ülejäänud kala.

16.Kana tacod riisi ja šerriga

KOOSTISOSAD:
- 2 naela kana osi
- ¼ tassi jahu
- 2 teelusikatäit soola
- ¼ teelusikatäit pipart
- 1 tass sibul, hakitud
- ¼ tassi võid
- 2 spl Worcestershire'i kastet
- ¼ teelusikatäit küüslaugupulbrit
- 1 tass tšillikastet
- 1½ tassi kanapuljongit
- 3 tassi kuuma riisi, keedetud
- ½ tassi kuiva šerrit

JUHISED:
a) Veereta kana jahus, soolas ja pipras.
b) Pruuniks margariinis.
c) Lükake kana ühele küljele.
d) Lisa sibul ja prae läbipaistvaks.
e) Sega juurde ülejäänud koostisosad, välja arvatud riis. Kuumuta keemiseni, kata kaanega ja alanda kuumust, seejärel hauta 35 minutit.
f) Serveeri kana ja kaste koheva riisipeenra kohal.

17.Grillitud kana ja punase pipra taco

KOOSTISOSAD:
- 1½ naela kondita, nahata kana b
- 2 röstitud punast paprikat
- 2 sellerivart, pestud ja viilutatud
- 1 Kesk punane sibul, kooritud ja tükeldatud
- ½ tassi keedetud musti ube
- ¼ tassi hakitud koriandri lehti
- ¼ tassi palsamiäädikat
- ¼ tassi õli
- ¼ tassi apelsinimahla
- ¼ tassi laimimahla
- 2 küüslauguküünt, kooritud ja mi
- 1 tl Jahvatatud koriandri seemneid
- ½ tl pipart
- ½ teelusikatäit soola
- ¼ tassi hapukoort või rasvavaba jogurtit
- 6 (8-tollist) jahutortillat

JUHISED:
a) SÜÜTA GRILL VÕI EELKUumutage broiler. Suru kanarinnad ühtlaseks paksuks ja grilli või prae mõlemalt poolt, kuni need on küpsetatud, kuid mitte kuivanud, umbes 4 minutit. Paprikat on mõttekas grillida samal ajal. Viiluta ja tõsta kõrvale.

b) Kombineerige paprika, seller, sibul, mustad oad ja koriander segamisnõus. Sega äädikas, õli, apelsinimahl, laimimahl, küüslauk, koriander ja pipar. Sega tihedalt suletavas kaanega purgis soola ja hapukoore või jogurtiga. Loksutage korralikult ja valage kaste köögiviljadele.

c) Marineerige köögivilju 1 tund toatemperatuuril. Asetage suur pann keskmisele kuumusele ja grillige tortillasid 30 sekundit küljel, et need pehmeneksid. Serveerimiseks jaga kana tortillade vahel, asetades selle tortilla keskele.

d) Jaota köögiviljad ja nende kaste kana peale ning rulli tortilla silindriks.

e) Serveeri kohe; roog peaks olema toatemperatuuril.

VEISELIHA JA LAmbaliha

18.Veseliha Tacos

KOOSTISOSAD:
- ½ naela lahja veiseliha
- 8 täistera tortillat
- 1 pakk taco maitseainet
- Hakitud Rooma salat ja 2 suurt tomatit
- ¾ tassi vett
- 2 tassi riivitud cheddari juustu

JUHISED:
a) Lisage keskmisele pannile veidi vett, veisehakkliha ja taco maitseainet, seejärel laske kõik keema tõusta.
b) Kuumutage tacosid mõlemalt poolt vastavalt pakendi juhistele, seejärel lisage liha, köögiviljad ja kaste.

19. Veiseliha, metsseene ja Poblano Tacos

KOOSTISOSAD:
- 1 spl oliiviõli
- 12 maisi tortillat
- 1 nael veiseliha praad
- 12 spl salsakastet ja ½ tl koriandrit
- ½ tl soola ja musta pipart
- 2 tassi toorest sibulat ja 1 tassi hakitud küüslauku
- ¾ tassi Mehhiko juustu
- 1 Poblano pipar
- 2 tassi metsaseeni

JUHISED:
a) Alustage veiseliha steiki pruunistamist õliga määritud keskmisel pannil koos soola ja pipra maitseainetega. Pärast mõlemalt poolt 5-minutilist küpsetamist võta praed välja ja tõsta kõrvale.
b) Lisa ülejäänud koostisosad pannile ja prae neid 5 minutit.
c) Serveerige soojad tortillad, millele on lisatud seenesegu, viilutatud lihatükk, salsakaste ja riivitud Mehhiko juust.

20. Madala rasvasisaldusega veiseliha ja oa tacod

KOOSTISOSAD:
- 1 nael veisehakkliha
- praetud oad
- 8 taco kestat ja taco maitseaine
- 1 magus sibul
- salsakaste
- riivitud cheddari juust
- 1 viilutatud avokaado
- hapukoor

JUHISED:
a) Alusta veiseliha küpsetamist õliga määritud pannil ning lisa oad ja maitseained.
b) Asetage tacod taldrikule ja lisage lihasegu, salsakaste, hapukoor, viilutatud avokaado ja riivitud Cheddari juust.

21. Veiseliha Cheddar Tacos

KOOSTISOSAD:
- 1 ½ naela lahja veiseliha
- 8 tervet maisi tortillat
- 1 pakk taco maitseainet
- 1 purk salsakastet
- 2 tassi riivitud cheddari juustu

JUHISED:
a) Pruunista veisehakkliha õliga määritud pannil aeglaselt, lisa salsakaste ja sega korralikult läbi ning nõruta liha.
b) Soojendage iga tortilla ja lisage lihasegu, maitseained, lisage veidi salsakastet ja cheddari juustu.

22.Bbq veiseliha tacos

KOOSTISOSAD:
- 1 nael lahja veiseliha (või kalkuniliha)
- ½ tassi Mehhiko riivitud juustu
- 1 viilutatud sibul ja punane pipar
- 8 täistera tortillat
- ½ tassi grillkastet
- 1 tükeldatud tomat

JUHISED:
a) Alustage veiseliha, sibulate ja paprikate küpsetamist keskmise õliga pannil, kuni see on hästi valmis, aeg-ajalt segades.
b) Lisa kaste ja küpseta kõike 2 minutit.
c) Vala lihasegu igale tortillale ning enne serveerimist raputa peale juustu ja tomatitega.

23. Tacos De Barbacoa

KOOSTISOSAD:
- 4 naela veiseliha
- ¼ tassi siidri äädikat
- 20 maisi tortillat
- 3 spl laimimahla
- ¾ tassi kanapuljongit
- 3-5 konserveeritud chipotle tšillit
- 2 spl taimeõli ja 3 loorberilehte
- 4 küüslauguküünt ja köömned
- 3 tl Mehhiko pune
- 1 ½ tl soola ja jahvatatud musta pipart
- ½ tl jahvatatud nelki
- sibul, koriander ja laimiviilud (hakitud)

JUHISED:
a) Sega keskmises kausis laimimahl, küüslauguküüned, siidriäädikas ja muud maitseained, kuni need muutuvad ühtlaseks nagu pasta.
b) Võtke liha ja küpseta seda õliga määritud pannil 5 minutit mõlemalt poolt. Lisa kausist saadud segu lihale ja jätka korralikult segades.
c) Veel 10 minuti pärast, kui koostisosad keesid, lisage segu eelsoojendatud ahju. Küpseta umbes 4-5 tundi.
d) Serveeri maisitortillasid ahjusegu, sibula, koriandri, laimiviilude ja muude maitseainetega.

ENCHILADAS

24.Krevetid ja juust Enchiladas

KOOSTISOSAD:
- 12 maisi tortillat
- 2 tassi hakitud Monterey Jacki juustu
- 1 nael keskmisi krevette, kooritud ja tükeldatud
- ¼ tassi hakitud sibulat
- 2 küüslauguküünt, hakitud
- 2 spl taimeõli
- 1 purk (10 untsi) rohelist enchilada kastet
- Sool ja pipar maitse järgi

JUHISED:
a) Kuumuta ahi temperatuurini 375 ° F. Kuumuta suurel pannil keskmisel kuumusel õli.
b) Lisa sibul ja küüslauk ning küpseta, kuni sibul on pehme, umbes 5 minutit. Lisa krevetid ja küpseta roosaks, umbes 3-4 minutit.
c) Eemaldage kuumusest.
d) Soojenda tortillasid mikrolaineahjus 30 sekundit. Täida iga tortilla peotäie juustu ja lusikatäie krevetiseguga.
e) Rulli tihedalt kokku ja aseta õliga määritud ahjuvormi õmblusega pool allpool.
f) Valage enchiladade ülaosale roheline enchilada kaste. Puista peale ülejäänud juust.
g) Kata fooliumiga ja küpseta 20 minutit. Eemalda foolium ja küpseta veel 10-15 minutit, kuni juust on sulanud ja mullitav.

25.Kana ja juustu Enchiladas Verdega

KOOSTISOSAD:
- 12 maisi tortillat
- 2 tassi hakitud Monterey Jacki juustu
- 2 tassi keedetud ja tükeldatud kana
- 1 purk (10 untsi) rohelist enchilada kastet
- ½ tassi hapukoort
- ¼ tassi hakitud koriandrit
- Sool ja pipar maitse järgi

JUHISED:
a) Kuumuta ahi temperatuurini 375 ° F.
b) Sega keskmises kausis hakitud kana, koriander, hapukoor, sool ja pipar.
c) Soojenda tortillasid mikrolaineahjus 30 sekundit.
d) Täida iga tortilla peotäie juustu ja lusikatäie kanaseguga. Rulli tihedalt kokku ja aseta õliga määritud ahjuvormi õmblusega pool allpool.
e) Valage enchiladade ülaosale roheline enchilada kaste.
f) Puista peale ülejäänud juust. Kata fooliumiga ja küpseta 20 minutit.
g) Eemalda foolium ja küpseta veel 10-15 minutit, kuni juust on sulanud ja mullitav.

26.Taimetoitlased mustad oad ja juust Enchiladas

KOOSTISOSAD:
- 12 maisi tortillat
- 2 tassi hakitud Monterey Jacki juustu
- 1 purk (15 untsi) musti ube, loputatud ja nõrutatud
- ½ tassi külmutatud maisi, sulatatud
- ¼ tassi hakitud sibulat
- 1 purk (10 untsi) punast enchilada kastet
- Sool ja pipar maitse järgi

JUHISED:
a) Kuumuta ahi temperatuurini 375 ° F.
b) Keskmises kausis segage mustad oad, mais, sibul, sool ja pipar.
c) Soojenda tortillasid mikrolaineahjus 30 sekundit. Täida iga tortilla peotäie juustu ja lusikatäie musta oa seguga.
d) Rulli tihedalt kokku ja aseta õliga määritud ahjuvormi õmblusega pool allpool.
e) Valage enchiladade ülaosale punane enchilada kaste.
f) Puista peale ülejäänud juust. Kata fooliumiga ja küpseta 20 minutit.
g) Eemalda foolium ja küpseta veel 10-15 minutit, kuni juust on sulanud ja mullitav.

27.Põhilised veiseliha Enchiladas

KOOSTISOSAD:
- 1 nael veisehakkliha
- 12 maisi tortillat
- 1 purk enchilada kastet
- 1 tükeldatud sibul
- 2 küüslauguküünt
- 1 tl köömneid
- Sool ja pipar maitse järgi

JUHISED:
a) Kuumuta ahi temperatuurini 375 ° F. Küpseta veiseliha pannil koos sibula, küüslaugu, köömnete, soola ja pipraga pruunikaks.
b) Kuumuta potis enchilada kaste keskmisel kuumusel.
c) Kastke tortillad kastmesse ja asetage need 9x13-tollisse ahjuvormi.
d) Täida iga tortilla veiselihaseguga ja rulli kokku.
e) Vala järelejäänud kaste enchiladade peale ja küpseta 25-30 minutit.

28.Veiseliha ja oad Enchiladas

KOOSTISOSAD:
- 1 nael veisehakkliha
- 1 purk musti ube, nõrutatud ja loputatud
- 1 tükeldatud sibul
- 2 küüslauguküünt
- 1 purk punast enchilada kastet
- 12 maisi tortillat
- Sool ja pipar maitse järgi

JUHISED:
a) Kuumuta ahi temperatuurini 375 ° F.
b) Küpseta veiseliha pannil koos sibula, küüslaugu, soola ja pipraga pruuniks.
c) Lisa mustad oad ja sega korralikult läbi. Kuumuta potis enchilada kaste keskmisel kuumusel.
d) Kastke tortillad kastmesse ja asetage need 9x13-tollisse ahjuvormi.
e) Täida iga tortilla veiseliha ja ubade seguga ning rulli kokku.
f) Vala järelejäänud kaste enchiladade peale ja küpseta 25-30 minutit.

29. Vürtsikas veiseliha Enchiladas

KOOSTISOSAD:
- 12 jahu tortillat
- 2 tassi hakitud pipra jack juustu
- 1 nael veisehakkliha
- 1 purk (10 untsi) enchilada kastet
- 1 purk (4 untsi) tükeldatud rohelist tšillit, nõrutatud
- 1 spl tšillipulbrit
- ½ tl köömneid
- Sool ja pipar maitse järgi

JUHISED:
a) Kuumuta ahi temperatuurini 375 ° F.
b) Küpseta suurel pannil veisehakkliha keskmisel kuumusel, kuni veiseliha on pruunistunud ja läbi küpsenud. Kurna üleliigne rasv.
c) Lisa maitse järgi tšillipulber, köömned, sool ja pipar. Sega juurde kuubikuteks lõigatud roheline tšilli. Soojenda tortillasid mikrolaineahjus 30 sekundit.
d) Täida iga tortilla peotäie juustu ja lusikatäie veiselihaseguga.
e) Rulli tihedalt kokku ja aseta õliga määritud ahjuvormi õmblusega pool allpool. Valage enchilada kastmega enchiladade pealmine osa.
f) Puista peale ülejäänud juust. Kata fooliumiga ja küpseta 20 minutit.
g) Eemalda foolium ja küpseta veel 10-15 minutit, kuni juust on sulanud ja mullitav.

30. Mixed Bean Enchiladas

KOOSTISOSAD:
- 10 maisi tortillat
- 1 purk (15 untsi) musti ube, nõrutatud ja loputatud
- 1 purk (15 untsi) ube, nõrutatud ja loputatud
- 1 purk (15 untsi) pintoube, nõrutatud ja loputatud
- 1 purk (4 untsi) kuubikuteks lõigatud rohelist tšillit
- ½ tassi hakitud sibulat
- ½ tassi hakitud rohelist paprikat
- 2 küüslauguküünt, hakitud
- 1 tl jahvatatud köömneid
- 1 tl tšillipulbrit
- 2 tassi enchilada kastet
- 1 tass hakitud Cheddari juustu
- ¼ tassi hakitud värsket koriandrit

JUHISED:
a) Kuumuta ahi temperatuurini 375 ° F.
b) Segage suures kausis mustad oad, oad, pintooad, rohelised tšillid, sibul, paprika, küüslauk, köömned ja tšillipulber.
c) Soojenda tortillasid mikrolaineahjus või plaadil, kuni need on pehmed ja painduvad.
d) Tõsta lusikaga igale tortillale osa oasegust ja keera tihedalt kokku.
e) Asetage kokkurullitud tortillad õmblusega pool allapoole 9x13-tollisse ahjuvormi.
f) Valage enchilada kaste enchiladade ülaosale.
g) Puista enchiladade peale hakitud juust.
h) Küpseta 20-25 minutit või kuni enchiladad on kuldpruunid ja juust sulanud.
i) Enne serveerimist puista enchiladade peale hakitud koriandrit.

31.Enchilada mustade ubade lasanje

KOOSTISOSAD:
- 12 maisi tortillat
- 2 tassi enchilada kastet
- 1 tass keedetud musti ube
- 1 tass maisiterad
- 1 tass kuubikuteks lõigatud paprikat
- 1 tass tükeldatud sibulat
- 3 küüslauguküünt, hakitud
- 1 spl oliiviõli
- 1 tl jahvatatud köömneid
- 1 tl tšillipulbrit
- Sool ja pipar maitse järgi
- 1 tass vegan riivitud juustu (cheddari või Mehhiko segu)
- Värske koriander, hakitud (kaunistuseks)

JUHISED:
a) Kuumuta ahi temperatuurini 375 ° F (190 ° C).
b) Kuumuta suurel pannil keskmisel kuumusel oliiviõli. Lisa sibul ja küüslauk ning prae pehmeks.
c) Lisa kuubikuteks lõigatud paprika, maisiterad, keedetud mustad oad, jahvatatud köömned, tšillipulber, sool ja pipar. Küpseta mõni minut, kuni köögiviljad on pehmed ja hästi vürtsidega kaetud.
d) Määri ahjuvormi põhjale õhuke kiht enchilada kastet.
e) Laota kastme peale kiht maisitortillasid, mis katavad kogu roa põhja.
f) Määri pool köögiviljade ja oa segust tortilladele.
g) Nirista köögiviljadele enchilada kastet ja puista peale vegan riivitud juustu.
h) Korrake kihte teise kihi tortilladega, ülejäänud köögiviljade ja ubade seguga, enchilada kastmega ja vegan riivitud juustuga.
i) Viimistlege viimase kihiga tortillasid, millele on lisatud enchilada kaste ja vegan riivitud juust.
j) Kata ahjuvorm fooliumiga ja küpseta 20 minutit.
k) Eemalda foolium ja küpseta veel 10 minutit, kuni juust on sulanud ja mullitav.
l) Enne serveerimist kaunista värske koriandriga.

32. Cheesy Chicken Enchiladas

KOOSTISOSAD:
- 2 naela. kondita, nahata kana rinnad
- 2 tassi riivitud cheddari juustu
- 1 purk (4 untsi) kuubikuteks lõigatud rohelist tšillit
- ½ tassi salsat
- 10-12 jahutortillat
- Sool ja pipar, maitse järgi

JUHISED:
a) Kuumuta ahi temperatuurini 375 ° F.
b) Maitsesta kana soola ja pipraga, seejärel küpseta suurel pannil keskmisel-kõrgel kuumusel, kuni see on pruunistunud ja läbi küpsenud.
c) Tükelda kana ja tõsta kõrvale.
d) Segage suures kausis riivitud juust, kuubikuteks lõigatud roheline tšilli ja salsa.
e) Sega eraldi kausis tükeldatud kana.
f) Soojenda tortillasid mikrolaineahjus või plaadil, kuni need on pehmed ja painduvad.
g) Aseta igale tortillale rikkalik lusikatäis kanasegu ja keera tihedalt kokku.
h) Asetage kokkurullitud tortillad õmblusega pool allapoole 9x13-tollisse ahjuvormi.
i) Valage juustu segu enchiladade ülaosale.
j) Küpseta eelsoojendatud ahjus 20-25 minutit või kuni juust on sulanud ja kihisev.

33.Kreemjas kana Enchiladas koos Poblano kaste

KOOSTISOSAD:
- 2 naela. kondita, nahata kana rinnad
- ½ tassi rasket koort
- ¼ tassi hapukoort
- 1 purk (4 untsi) kuubikuteks lõigatud rohelist tšillit
- 2 tassi hakitud Monterey jack juustu
- 10-12 maisitortillat
- Sool ja pipar, maitse järgi
- Poblano kaste:
- 2 suurt poblano paprikat
- ½ sibulat, hakitud
- 2 küüslauguküünt, hakitud
- ½ tassi kana puljongit
- ½ tassi rasket koort
- Sool ja pipar, maitse järgi

JUHISED:
a) Kuumuta ahi temperatuurini 375 ° F.
b) Maitsesta kana soola ja pipraga, seejärel küpseta suurel pannil keskmisel-kõrgel kuumusel, kuni see on pruunistunud ja läbi küpsenud.
c) Tükelda kana ja tõsta kõrvale.
d) Segage suures kausis koor, hapukoor, kuubikuteks lõigatud rohelised tšillid ja 1 tass riivitud Monterey jacki juustu.
e) Sega eraldi kausis tükeldatud kana.
f) Soojenda tortillasid mikrolaineahjus või plaadil, kuni need on pehmed ja painduvad.
g) Aseta igale tortillale rikkalik lusikatäis kanasegu ja keera tihedalt kokku.
h) Asetage kokkurullitud tortillad õmblusega pool allapoole 9x13-tollisse ahjuvormi.
i) Vala enchiladade peale kreemjas kastme segu ja puista peale ülejäänud riivitud juust.
j) Küpseta eelsoojendatud ahjus 20-25 minutit või kuni juust on sulanud ja kihisev.
k) Poblano kastme jaoks :

l) Rösti poblano paprikat lahtisel tulel või broileri all, kuni nahk on söestunud ja villiline.
m) Tõsta tulelt ja aseta 10-15 minutiks kilekotti auruma.
n) Eemaldage paprikatelt nahk, vars ja seemned ning tükeldage viljaliha.
o) Prae suures kastrulis sibul ja küüslauk pehmeks.
p) kastrulisse tükeldatud poblanos , kanapuljong ja koor ning hauta 10–15 minutit.
q) Maitsesta soola ja pipraga maitse järgi.
r) Enne serveerimist vala kaste enchiladade peale.

34.Kana Enchiladas Verde kastmega

KOOSTISOSAD:
- 2 naela. kondita, nahata kana rinnad
- 2 tassi hakitud Monterey jack juustu
- 1 purk (4 untsi) kuubikuteks lõigatud rohelist tšillit
- 1 purk (16 untsi) salsa verde
- 10-12 maisitortillat
- Sool ja pipar, maitse järgi

JUHISED:
a) Kuumuta ahi temperatuurini 375 ° F.
b) Maitsesta kana soola ja pipraga, seejärel küpseta suurel pannil keskmisel-kõrgel kuumusel, kuni see on pruunistunud ja läbi küpsenud.
c) Tükelda kana ja tõsta kõrvale.
d) Segage suures kausis riivitud juust, kuubikuteks lõigatud roheline tšilli ja ½ tassi salsa verdet .
e) Sega eraldi kausis tükeldatud kana.
f) Soojenda tortillasid mikrolaineahjus või plaadil, kuni need on pehmed ja painduvad.
g) Aseta igale tortillale rikkalik lusikatäis kanasegu ja keera tihedalt kokku.
h) Asetage kokkurullitud tortillad õmblusega pool allapoole 9x13-tollisse ahjuvormi.
i) Valage ülejäänud salsa verde enchiladade ülaosale.
j) Küpseta eelsoojendatud ahjus 20-25 minutit või kuni juust on sulanud ja kihisev.

35.Kreemjas kana Enchiladas Tomatillo kastmega

KOOSTISOSAD:
- 2 naela. kondita, nahata kana rinnad
- ½ tassi rasket koort
- ¼ tassi hapukoort
- 1 purk (4 untsi) kuubikuteks lõigatud rohelist tšillit
- 2 tassi hakitud Monterey jack juustu
- 10-12 maisitortillat
- Sool ja pipar, maitse järgi
- Tomatillo kaste:
- 8 tomatit, kooritud ja loputatud
- ½ sibulat, hakitud
- 2 küüslauguküünt, hakitud
- ½ tassi kana puljongit
- ½ tassi rasket koort
- Sool ja pipar, maitse järgi

JUHISED:
a) Kuumuta ahi temperatuurini 375 ° F.
b) Maitsesta kana soola ja pipraga, seejärel küpseta suurel pannil keskmisel-kõrgel kuumusel, kuni see on pruunistunud ja läbi küpsenud.
c) Tükelda kana ja tõsta kõrvale.
d) Segage suures kausis koor, hapukoor, kuubikuteks lõigatud rohelised tšillid ja 1 tass riivitud Monterey jacki juustu.
e) Sega eraldi kausis tükeldatud kana.
f) Soojenda tortillasid mikrolaineahjus või plaadil, kuni need on pehmed ja painduvad.
g) Aseta igale tortillale rikkalik lusikatäis kanasegu ja keera tihedalt kokku.
h) Asetage kokkurullitud tortillad õmblusega pool allapoole 9x13-tollisse ahjuvormi.
i) Vala enchiladade peale kreemjas kastme segu ja puista peale ülejäänud riivitud juust.
j) Küpseta eelsoojendatud ahjus 20-25 minutit või kuni juust on sulanud ja kihisev.
k) Tomatillo kastme jaoks:

l) Eelsoojenda broiler.
m) Asetage tomatid küpsetusplaadile ja praege 5-7 minutit või kuni nahk on söestunud ja villiline.
n) Eemaldage kuumusest ja laske jahtuda.
o) Püreesta blenderis või köögikombainis tomatillod, sibul, küüslauk, kanapuljong ja koor ühtlaseks massiks.
p) Maitsesta soola ja pipraga maitse järgi.
q) Enne serveerimist vala kaste enchiladade peale.

36. Kana Enchilada Nachos

KOOSTISOSAD:
- 2 tassi keedetud hakitud kana
- 1 purk (10 untsi) punast enchilada kastet
- 1 kott tortillakrõpse
- 1 tass hakitud Cheddari juustu
- ¼ tassi kuubikuteks lõigatud punast sibulat
- ¼ tassi hakitud värsket koriandrit
- Serveerimiseks hapukoor

JUHISED:
a) Kuumuta ahi temperatuurini 375 ° F.
b) Sega kausis keedetud tükeldatud kana punase enchilada kastmega.
c) Laota küpsetusplaadile ühe kihina tortillalaastud.
d) Puista laastude peale hakitud Cheddari juust, seejärel vala peale kana ja enchilada kastme segu.
e) Küpseta 10-15 minutit või kuni juust on sulanud ja mullitav.
f) Kõige peale lisa kuubikuteks lõigatud punane sibul ja hakitud värske koriander. Serveeri hapukoorega.

37. Must oa ja maisi enchiladas

KOOSTISOSAD:
- 1 sibul, hakitud
- 2 küüslauguküünt, hakitud
- 1 purk (15 untsi) musti ube, nõrutatud ja loputatud
- 1 purk (15 untsi) maisi, nõrutatud
- 1 tl jahvatatud köömneid
- Sool ja pipar, maitse järgi
- 8-10 maisi tortillat
- 1 ½ tassi hakitud Cheddari juustu
- 1 purk (15 untsi) enchilada kastet

JUHISED:
a) Kuumuta ahi temperatuurini 350 °F.
b) Prae hakitud sibulat ja küüslauku suurel pannil, kuni need muutuvad lõhnavaks, umbes 2–3 minutit.
c) Lisage pannile mustad oad, mais, köömned, sool ja pipar ning segage, kuni need on hästi segunenud.
d) Soojenda maisitortillasid mikrolaineahjus või küpsetusplaadil, kuni need on pehmed ja painduvad.
e) Valage väike kogus enchilada kastet 9x13-tollise ahjuvormi põhja.
f) Aseta igale tortillale ohtralt lusikatäis musta oa ja maisi segu ning keera tihedalt kokku.
g) Aseta kokkurullitud tortillad õmblusega pool allapoole ahjuvormi.
h) Valage enchiladade ülaosale järelejäänud enchilada kaste.
i) Puista enchiladade peale hakitud Cheddari juust.
j) Küpseta eelsoojendatud ahjus 20-25 minutit või kuni juust on sulanud ja kihisev.
k) Kaunista värske koriandriga ja serveeri kuumalt.

KALA JA MEREANDID

38.Krevetid Enchiladas

KOOSTISOSAD:
- 1 kilo keedetud ja tükeldatud krevette
- 12 maisi tortillat
- 1 purk punast enchilada kastet
- 1 tükeldatud sibul
- 2 küüslauguküünt
- 1 tl köömneid
- Sool ja pipar maitse järgi

JUHISED:
a) Kuumuta ahi temperatuurini 375 ° F.
b) Kuumuta potis enchilada kaste, sibul, küüslauk, köömned, sool ja pipar keskmisel kuumusel.
c) Kastke tortillad kastmesse ja asetage need 9x13-tollisse ahjuvormi.
d) Täida iga tortilla krevettidega ja keera kokku.
e) Vala järelejäänud kaste enchiladade peale ja küpseta 25-30 minutit.

39. Krabi Enchiladas

KOOSTISOSAD:
- 1 nael karpide jaoks korjatud krabiliha
- 2 tassi hakitud Monterey jack juustu
- 1 purk (4 untsi) kuubikuteks lõigatud rohelist tšillit
- 1 purk (16 untsi) salsat
- 10-12 maisitortillat
- Sool ja pipar, maitse järgi

JUHISED:
a) Kuumuta ahi temperatuurini 375 ° F.
b) Segage suures kausis krabiliha, riivitud juust, kuubikuteks lõigatud roheline tšilli ja ½ tassi salsat.
c) Soojenda tortillasid mikrolaineahjus või plaadil, kuni need on pehmed ja painduvad.
d) Aseta igale tortillale rikkalik lusikatäis krabilihasegu ja keera tihedalt kokku.
e) Asetage kokkurullitud tortillad õmblusega pool allapoole 9x13-tollisse ahjuvormi.
f) Vala järelejäänud salsa enchiladade ülaosale.
g) Küpseta eelsoojendatud ahjus 20-25 minutit või kuni juust on sulanud ja kihisev.

40. Mereannid Enchiladas

KOOSTISOSAD:
- 1 nael keedetud krevette, kooritud ja tükeldatud
- 1 nael keedetud krabiliha, hakitud
- 1 purk (4 untsi) kuubikuteks lõigatud rohelist tšillit
- ½ tassi hakitud sibulat
- 2 küüslauguküünt, hakitud
- 1 tl jahvatatud köömneid
- 1 tl tšillipulbrit
- 1 tl kuivatatud pune
- 1 purk (10 untsi) enchilada kastet
- 10-12 maisitortillat
- 1 tass hakitud Monterey jacki juustu
- ¼ tassi hakitud värsket koriandrit
- Sool ja pipar, maitse järgi
- Valikulised lisandid: kuubikuteks lõigatud avokaado, viilutatud jalapenod, hapukoor, laimiviilud

JUHISED:
a) Kuumuta ahi temperatuurini 375 ° F.
b) Segage suures kausis keedetud krevetid, keedetud krabiliha, kuubikuteks lõigatud roheline tšilli, hakitud sibul, hakitud küüslauk, köömned, tšillipulber ja pune. Maitsesta soola ja pipraga maitse järgi.
c) Soojenda tortillasid mikrolaineahjus või plaadil, kuni need on pehmed ja painduvad.
d) Määri 9x13-tollise ahjuvormi põhja väike kogus enchilada kastet.
e) Aseta igale tortillale rikkalik lusikatäis mereandide segu ja keera tihedalt kokku.
f) Aseta kokkurullitud tortillad õmblusega pool allapoole ahjuvormi.
g) Valage enchiladade ülaosale järelejäänud enchilada kaste.
h) Puista enchiladade peale hakitud juust.
i) Küpseta eelsoojendatud ahjus 20-25 minutit või kuni juust on sulanud ja kihisev.
j) Puista hakitud koriandrit enchiladade ülaosale.
k) Serveeri soovi korral kuumalt koos valikuliste lisanditega.

41. Lõhe Enchiladas

KOOSTISOSAD:
- 1 nael keedetud lõhet, helvestatud
- 1 purk (4 untsi) kuubikuteks lõigatud rohelist tšillit
- ½ tassi hakitud punast sibulat
- 2 küüslauguküünt, hakitud
- 1 tl jahvatatud köömneid
- 1 tl tšillipulbrit
- Sool ja pipar, maitse järgi
- 10-12 maisitortillat
- 1 purk (10 untsi) enchilada kastet
- 1 tass hakitud Monterey jacki juustu
- Värske koriander, hakitud

JUHISED:
a) Kuumuta ahi temperatuurini 375 ° F.
b) Sega suures kausis helvestest lõhe, kuubikuteks lõigatud roheline tšilli , hakitud punane sibul, hakitud küüslauk, köömned, tšillipulber ning maitse järgi soola ja pipart.
c) Soojenda tortillasid mikrolaineahjus või plaadil, kuni need on pehmed ja painduvad.
d) Määri 9x13-tollise ahjuvormi põhja väike kogus enchilada kastet.
e) Aseta igale tortillale rikkalik lusikatäis lõhesegu ja keera tihedalt kokku.
f) Aseta kokkurullitud tortillad õmblusega pool allapoole ahjuvormi.
g) Valage enchiladade ülaosale järelejäänud enchilada kaste.
h) Puista enchiladade peale hakitud juust.
i) Küpseta eelsoojendatud ahjus 20-25 minutit või kuni juust on sulanud ja kihisev.
j) Kaunista värske koriandriga ja serveeri kuumalt.

42.Veiseliha Enchiladas omatehtud kastmega

KOOSTISOSAD:
- 12 maisi tortillat
- 2 tassi riivitud cheddari juustu
- 1 nael veisehakkliha
- ½ tassi hakitud sibulat
- 2 küüslauguküünt, hakitud
- 1 purk (14,5 untsi) kuubikuteks lõigatud tomateid
- 1 spl tšillipulbrit
- 1 tl köömneid
- 1 tl paprikat
- ½ tl oreganot
- Sool ja pipar maitse järgi

JUHISED:
a) Kuumuta ahi temperatuurini 375 ° F. Küpseta suurel pannil veisehakkliha ja sibul keskmisel kuumusel, kuni veiseliha on pruunistunud ja läbi küpsenud . Kurna üleliigne rasv. Lisa küüslauk ja küpseta 1 minut.
b) Lisa kuubikuteks lõigatud tomatid, tšillipulber, köömned, paprika, pune, maitse järgi soola ja pipart.
c) Kuumuta keemiseni ja keeda 10-15 minutit, aeg-ajalt segades. Soojenda tortillasid mikrolaineahjus 30 sekundit.
d) Täida iga tortilla peotäie juustu ja lusikatäie veiselihaseguga.
e) Rulli tihedalt kokku ja aseta õliga määritud ahjuvormi õmblusega pool allpool.
f) Valage enchiladade ülaosale omatehtud enchilada kaste. Puista peale ülejäänud juust.
g) Kata fooliumiga ja küpseta 20 minutit. Eemalda foolium ja küpseta veel 10-15 minutit, kuni juust on sulanud ja mullitav.

43. Veiseliha Enchiladas rohelise kastmega

KOOSTISOSAD:
- 12 jahu tortillat
- 2 tassi hakitud Monterey Jacki juustu
- 1 nael veisehakkliha
- 1 purk (10 untsi) rohelist enchilada kastet
- 1 purk (4 untsi) tükeldatud rohelist tšillit, nõrutatud
- ½ tl köömneid
- Sool ja pipar maitse järgi

JUHISED:
a) Kuumuta ahi temperatuurini 375 ° F.
b) Küpseta suurel pannil veisehakkliha keskmisel kuumusel, kuni veiseliha on pruunistunud ja läbi küpsenud. Kurna üleliigne rasv.
c) Lisage maitse järgi kuubikuteks lõigatud roheline tšilli, köömned, sool ja pipar. Soojenda tortillasid mikrolaineahjus 30 sekundit.
d) Täida iga tortilla peotäie juustu ja lusikatäie veiselihaseguga.
e) Rulli tihedalt kokku ja aseta õliga määritud ahjuvormi õmblusega pool allpool.
f) Valage enchiladade ülaosale roheline enchilada kaste. Puista peale ülejäänud juust. Kata fooliumiga ja küpseta 20 minutit.
g) Eemalda foolium ja küpseta veel 10-15 minutit, kuni juust on sulanud ja mullitav.

44. Slow Cooker Beef Enchiladas

KOOSTISOSAD:
- 12 jahu tortillat
- 2 tassi riivitud cheddari juustu
- 2 naela veiselihapraad
- 1 purk (10 untsi) enchilada kastet
- 1 purk (4 untsi) tükeldatud rohelist tšillit, nõrutatud
- 1 spl tšillipulbrit
- ½ tl köömneid
- Sool ja pipar maitse järgi

JUHISED:
a) Asetage veiselihapraad aeglasesse pliiti.
b) Lisage maitse järgi enchilada kaste, tükeldatud roheline tšilli, tšillipulber, köömned, sool ja pipar.
c) Katke ja küpseta madalal kuumusel 8-10 tundi või kuni veiseliha on pehme ja laguneb kergesti. Tükelda veiseliha kahvliga.
d) Kuumuta ahi temperatuurini 375 ° F. Soojenda tortillasid mikrolaineahjus 30 sekundit.
e) Täida iga tortilla peotäie juustu ja lusikatäie tükeldatud veiselihaga. Rulli tihedalt kokku ja aseta õliga määritud ahjuvormi õmblusega pool allpool.
f) Valage aeglasest pliidist järelejäänud kaste enchiladade peale. Puista peale ülejäänud juust. Kata fooliumiga ja küpseta 20 minutit.
g) Eemalda foolium ja küpseta veel 10-15 minutit, kuni juust on sulanud ja mullitav.

GUACAMOL

45. Küüslaugune guacamole

KOOSTISOSAD:
- 2 avokaadot, kivideta
- 1 tomat, seemnetest puhastatud ja peeneks hakitud
- ½ supilusikatäit värsket laimimahla
- ½ väikest kollast sibulat, peeneks hakitud
- 2 küüslauguküünt, pressitud
- ¼ teelusikatäit meresoola
- Natuke pipart
- Hakitud värske koriandri leht

JUHISED:
a) Püreesta avokaadod väikeses kausis kartulipurusti abil.
b) Serveeri kohe pärast lisaainete segamist püreestatud avokaadode hulka.

46.Kitsejuust Guacamole

KOOSTISOSAD:
- 2 avokaadod
- 3 untsi kits juust
- särtsu alates 2 laimid
- sidrun mahla alates 2 laimid
- ¾ teelusikatäis küüslauk pulber
- ¾ teelusikatäis sibul pulber
- ½ teelusikatäis soola
- ¼ teelusikatäis punane pipar helbed (valikuline)
- ¼ teelusikatäis pipar

JUHISED:
a) Lisama avokaadod juurde a toit protsessor ja segunema kuni sile.
b) Lisama ülejäänud kohta koostisosad ja segunema kuni inkorporeeritud.
c) Serveeri koos laastud.

47.Hummus Guacamole

KOOSTISOSAD:
- 1 iga Küps avokaado, kooritud
- 2 tassid Hummus bi tahini
- 1 iga sibul, hakitud
- 1 väike tomat, hakitud
- 1 supilusikatäis Roheline tšillid, hakitud
- Oliiv õli
- koriander, hakitud
- Pita

JUHISED:

a) Kühvel avokaado sisse a keskmine kaussi. Mash & lisama hummus, segunema põhjalikult. Õrnalt segage sisse a talisibul, tomat & tšillipipar.

b) Kontrollima maitseained. Kaas & jahutada.

c) Enne serveerimine, tibutama koos oliiv õli & garneering koos koriander.

d) Serveeri koos pita kiilud.

48. Kimchi Guacamole

KOOSTISOSAD:
- 3 küpset avokaadot, püreestatud
- 1 tass kimchit, tükeldatud
- ¼ tassi punast sibulat, peeneks hakitud
- 1 laim, mahl
- Sool ja pipar maitse järgi
- Tortillakrõpsud serveerimiseks

JUHISED:
a) Püreesta kausis avokaadod.
b) Lisa hakitud kimchi, punane sibul, laimimahl , sool ja pipar. Sega hästi.
c) Serveeri kimchi guacamole koos tortillakrõpsudega.

49. Spirulina Guacamole Dip

KOOSTISOSAD:
- 2 avokaadot, kivideta
- 1 sidruni mahl
- 1 laimi mahl
- 1 küüslauguküüs, jämedalt hakitud
- 1 keskmine kollane sibul, jämedalt hakitud
- 1 jalapeno, viilutatud
- 1 tass koriandri lehti
- 3 supilusikatäit spirulinat
- 1 seemnetest puhastatud ja tükeldatud tomat või ½ tassi viinamarjatomatit, poolitatud
- Sool ja pipar maitse järgi

JUHISED:
a) Pane kõik koostisosad, välja arvatud tomatid, blenderisse ja sega ühtlaseks.
b) Sega hulka tomatid ja maitsesta.

50.Kookos-laimi guacamole

KOOSTISOSAD:
- 2 küpset avokaadot
- 1 laimi mahl
- 1 laimi koor
- 2 supilusikatäit hakitud värsket koriandrit
- 2 spl kuubikuteks hakitud punast sibulat
- 2 supilusikatäit hakitud kookospähklit
- Sool ja pipar maitse järgi

JUHISED:
a) Püreesta küpsed avokaadod kausis kahvliga kreemjaks.
b) Lisa laimimahl, laimikoor, hakitud koriander, kuubikuteks lõigatud punane sibul, hakitud kookospähkel, sool ja pipar.
c) Sega hästi, et kõik koostisosad seguneksid.
d) Maitse ja maitsesta vastavalt soovile.
e) Serveeri kookoslaimi guacamole koos tortillakrõpsudega või kasuta seda tacode, võileibade või salatite maitsva kattena.
f) Nautige selle troopilise guacamole kreemiseid ja teravaid maitseid!

51. Nori Guacamole

KOOSTISOSAD:
- 1 avokaado, kooritud, kivideta ja püreeks
- 1 sibul, õhukeselt viilutatud
- 1 spl värsket laimimahla
- 1 spl hakitud koriandrit
- Koššersool ja värskelt jahvatatud pipar
- 2 spl murendatud röstitud merevetikate suupisteid
- Pruuni-riisi koogid või kreekerid, serveerimiseks

JUHISED:
a) kausis avokaado, tallsibul, laimimahl ja koriander.
b) Maitsesta soola ja pipraga. Puista üle röstitud vetikatega ja serveeri riisikookidega.

52.Passion Fruit Guacamole

KOOSTISOSAD:
- 2 küpset avokaadot, kooritud ja purustatud
- ¼ tassi kuubikuteks lõigatud punast sibulat
- ¼ tassi hakitud värsket koriandrit
- 1 jalapeño pipar, seemnetest puhastatud ja kuubikuteks lõigatud
- 2 spl laimimahla
- ¼ tassi kannatusvilja viljaliha
- Sool ja pipar maitse järgi

JUHISED:
a) Sega kausis püreestatud avokaado, punane sibul, koriander, jalapeño pipar, laimimahl ja kannatusvilja viljaliha.
b) Maitsesta soola ja pipraga.
c) Enne serveerimist jahutage külmkapis vähemalt 30 minutit.
d) Serveeri tortillakrõpsudega või tacode lisandina.

53. Moringa Guacamole

KOOSTISOSAD:
- 2-4 tl Moringa pulbrit
- 3 küpset avokaadot
- 1 väike punane sibul, peeneks hakitud
- Pesutäis kirsstomateid, pestud ja peeneks hakitud
- 3 koriandri lehtoksad, pestud ja peeneks hakitud
- Ekstra neitsioliiviõli, tilgutamiseks
- 1 laimi mahl
- Vürtsid: sool, pipar, kuivatatud pune, paprika ja purustatud koriandriseemned

JUHISED:
a) Poolita, kivi ja tükelda avokaadod jämedalt. Jätke peotäis jämedalt hakitud avokaadosid kõrvale.
b) Vala ülejäänud koostisosad suurde kaussi ja püreesta kahvliga guacamole ning sega korralikult läbi.
c) Lisa ülejäänud avokaadod ja puista peale mõned koriandrilehed.

54. Mojito Guacamole

KOOSTISOSAD:
- 3 küpset avokaadot, püreestatud
- ¼ tassi punast sibulat, peeneks hakitud
- ¼ tassi värsket koriandrit, hakitud
- 1 jalapeño, seemned eemaldatud ja peeneks hakitud
- 2 spl värsket laimimahla
- 1 tl suhkrut
- Sool ja pipar maitse järgi
- Tortillakrõpsud serveerimiseks

JUHISED:
a) Sega kausis püreestatud avokaadod, punane sibul, koriander, jalapeño ja laimimahl.
b) Segage maitse järgi suhkrut, soola ja pipart.
c) Serveeri tortillakrõpsudega ja naudi oma Mojito Guacamole't!

55. Mimosa Guacamole

KOOSTISOSAD:
- 2 küpset avokaadot, püreestatud
- ¼ tassi kuubikuteks lõigatud punast sibulat
- ¼ tassi kuubikuteks lõigatud tomateid
- ¼ tassi hakitud koriandrit
- 1 jalapeno, seemnetest puhastatud ja peeneks hakitud
- 2 spl värsket laimimahla
- 2 supilusikatäit šampanjat
- Sool ja pipar maitse järgi

JUHISED:
a) Segage keskmises kausis püreestatud avokaadod, punane sibul, tomatid, koriander ja jalapeno.
b) Sega juurde värske laimimahl ja šampanja.
c) Maitsesta soola ja pipraga maitse järgi.
d) Serveeri kastmiseks tortillakrõpsude või köögiviljapulkadega.

56. Päevalill Guacamole

KOOSTISOSAD:
- 2 avokaadot
- ½ laimi mahl
- ¼ teelusikatäit soola
- ⅔ tassi hakitud päevalillevõrseid
- ¼ tassi peeneks hakitud punast sibulat
- ½ jalapenot, peeneks hakitud

JUHISED:
a) Sega kõik koostisosad kausis ja tambi tihkeks seguks.

57. Dragon Fruit Guacamole

KOOSTISOSAD:
- 1 draakoni vili
- 2 küpset avokaadot
- ¼ tassi kuubikuteks lõigatud punast sibulat
- ¼ tassi hakitud koriandrit
- 1 jalapeno pipar, seemnetest puhastatud ja hakitud
- 2 spl laimimahla
- Sool ja pipar maitse järgi
- Tortillakrõpsud, serveerimiseks

JUHISED:
a) Lõika draakonivili pooleks ja eemalda viljaliha.
b) Püreesta avokaadod keskmises kausis kahvli või kartulipudruga.
c) Voldi sisse draakonivili, punane sibul, koriander, jalapeno pipar, laimimahl , sool ja pipar.
d) Sega hästi ja lase guacamolel vähemalt 10 minutit seista, et maitsed sulaksid.
e) Serveeri jahutatult koos tortillakrõpsudega.

TAMALES

58.Cinco De Mayo Margarita Tamales

KOOSTISOSAD:
- 2 tassi masa harinat
- 1 tass margarita segu (alkoholivaba)
- 1/2 tassi suhkrut
- 2 laimi koor ja mahl
- 1/4 tassi hakitud värsket piparmünt
- Maisikestad pakkimiseks

JUHISED:
a) Sega masa harina margarita segu ja suhkruga taignaks.
b) Voldi sisse laimikoor, laimimahl ja hakitud piparmünt.
c) Määri segu maisikestade peale ja voldi tamaledeks.
d) Aurutage 1 tund.

59. Uued Mehhiko sealiha tamaled

KOOSTISOSAD:
TÄIDISE JAOKS:
- 1½ naela seafilee või muu pehme, lahja, eemaldatud rasv
- 1 keskmine valge sibul, hakitud
- 2 tassi vett
- 2 spl rapsiõli
- 2 küüslauguküünt, hakitud
- 1 spl Jahu
- ½ tassi kuivatatud jahvatatud tšillit (Chimayo, kui see on saadaval)
- ¾ teelusikatäit soola
- ¼ teelusikatäit köömneid
- ⅛ teelusikatäis pune
- 16 untsi. pkg. kuivatatud maisikestad

MASA JAOKS:
- 6 tassi Masa Harina
- 2 tassi Õli
- 2 supilusikatäit soola
- 4½ tassi vett või rohkem kui vaja

JUHISED:
TÄIDISE JAOKS:
a) Kuumuta ahi 350 kraadini.
b) Aseta sealiha ja hakitud sibul keskmisesse ahjuvormi ning kata veega.
c) Küpseta umbes 1-½ tundi või kuni liha kergesti lahti tõmbub.
d) Eemaldage sealiha puljongist. Pane puljong külmkappi.
e) Jahtunult tükelda liha kahe kahvli või köögikombaini taignalabaga.
f) Kurna puljong pärast seda, kui rasv on pinnal tahkunud. Kui puljongi maht ei ole 2 tassi, lisage vett, et saada 2 tassi vedelikku.
g) Kuumuta suurel pannil õli, lisa hakitud küüslauk ja sealiha.
h) Puista segule jahu ja sega pidevalt umbes minut aega, kuni jahu hakkab pruunistuma.
i) Lisa jahvatatud tšilli , puljong ja maitseained. Keeda keskmisel-madalal kuumusel kuni paksenemiseni ja peaaegu kuivaks, regulaarselt segades, umbes 30 minutit.
j) Eemaldage kuumusest.

MASA JAOKS:
k) Mõõda Masa Harina suurde kaussi.
l) Lisa segades vesi.
m) Lisa õli ja sool ning sega korralikult läbi. Kasutage lusikat, võimsat mikserit või käsi.
n) Kui see on hästi segatud, peaks see olema niiske küpsisetaina konsistentsiga. Kui see hakkab kuivama, lisage veel vett. Vajadusel katke niiske lapiga.

KOKKUPANEK:
o) Valmistage maisikestad 30 minutiks kuuma veega kaussi või küpsetuspannile.
p) Eraldage kestad ja loputage neid sooja jooksva vee all, et pesta ära kõik terakesed või pruunid siidid. Leota neid soojas vees kuni kasutusvalmis.
q) Määri mass lusika seljaosaga kesta siledale küljele umbes ½ tolli kaugusele külgmistest servadest, 1 tolli kaugusele ülemisest servast ja 2 tolli kaugusele alumisest servast.
r) Tõsta keskele lusikaga umbes 2 supilusikatäit täidist.
s) Rulli kest üle nii, et masa kataks täidise ja peaks kesta küljest lahti tulema. Seejärel keera kest kokku ja keera alumine ots alla.
t) Korrake, kuni kogu mass ja täidis on kasutatud.
u) Asetage tamalesid lõdvalt aurutisse/blanšeri/spagetikeetjasse või laotage ristikujuliselt, et aur saaks tõhusalt tungida.
v) Kata pott kaanega ja auruta umbes 1 tund kuni 1–¼ tundi või seni, kuni masa on tahke ja tõmbub kergesti kesta küljest lahti.
w) Serveeri tamales soojalt. Laske igal inimesel oma kestad ise eemaldada. Soovi korral võib neid katta rohelise tšillikastme , chili con carne või juustu ja sibulaga. Nautige oma New Mexican Pork Tamales!

60.Punase-Tšiili sealiha tamaled

KOOSTISOSAD:
Tainas:
- 2/3 tassi värsket seapekki, jahutatud
- 1 tl küpsetuspulbrit
- 1 tl soola
- 2 tassi jämedalt jahvatatud värsket masat või 1 3/4 tassi masa harinat , mis on segatud 1 tassi pluss 2 spl kuuma veega (jahutatud toatemperatuurini)
- 2/3 tassi kana-, veise- või köögiviljapuljongit
- Ümbris:
- 4 untsi kuivatatud maisikestad

TÄITMINE:
- 6 suurt kuivatatud New Mexico tšillit
- 2 küüslauguküünt, peeneks hakitud
- 1/4 tl värskelt jahvatatud musta pipart
- 1/8 tl jahvatatud köömneid
- 12 untsi lahja kondita sea abatükk, lõigatud 1/2-tollisteks kuubikuteks
- 1 tl soola

JUHISED:
TEE taigna:
a) Segage labakinnitusega elektrimikseri kausis seapekk, küpsetuspulber ja sool. Vahusta heledaks ja kohevaks vahuks.
b) Lisa 1 tass masa ja 1/3 tassi puljongit; peksa, kuni see on põhjalikult segunenud.
c) Lisa ülejäänud masa ja 1/3 tassi puljongit; klopi kuni heledaks ja kohevaks, umbes 2 minutit.
d) Pane taigen vähemalt 1 tunniks külmkappi.

VALMISTAGE MÄHISED:
e) Lahustage maisikestad , asetades need sügavasse kastrulisse ja kattes veega.
f) Pane kastrul kõrgele tulele ja kuumuta keemiseni. Tõsta kestad ja vesi kuumakindlasse kaussi . Asetage kestade peale väike taldrik, hoides neid vee all. Leota 1 tund. Eemalda veest.

VALMISTAGE TÄIDIS:
g) Eemaldage tšillilt varred, seemned ja rebige 4 tükiks.

h) Sega segistis tšillid , küüslauk, pipar ja köömned. Lisa 1 1/2 tassi vett ja sega, kuni moodustub ühtlane püree. Kurna segu keskmisesse kastrulisse.
i) Lisage sealiha, 1 3/4 tassi vett ja soola. Küpseta keskmisel kuumusel, kuni vedelik on muutunud paksu kastme konsistentsiks ja liha on väga pehme (50–60 minutit). Tükelda liha kahvliga.

PANGE TAMALES KOKKU:
j) Tõsta tamalane tainas tagasi mikserisse. Taigna heledamaks muutmiseks segage paar sekundit.
k) Lisa 3 supilusikatäit kastet ja sega ühtlaseks. Reguleeri konsistentsi mõne supilusikatäie kanapuljongiga.

VALMISTAGE MAISIKESTAD:
l) Rullige lahti üks suur taastatud maisikest ja rebige piki tera, et saada 1/4 tolli laiused ribad (kaks tera kohta).
m) Asetage teine pikk tükk tööpinnale, terav ots endast eemale.
n) Kühveldage 1/4 tassi tainast kesta ühe otsa keskele. Laota 4-tolliseks ruuduks, jättes külgedele äärised.
o) Tõsta keskele 2 supilusikatäit täidist.
p) Ühendage pikad küljed kokku, et moodustada silinder, veendudes, et tainas ümbritseb täidist.
q) Voldi terav ots alla ja seo lõdvalt kesaribaga kinni. Voldi lame ots alla ja seo kinni.

Steam the Tamales:
r) Seadke auruti kõrgele kuumusele. Kui aur välja paiskub, vähendage kuumust keskmisele tasemele.
s) Aurutage 1 tund ja 15 minutit, lisades vajadusel vett.
t) Pakkige tamale lahti. Kui tainas tuleb ümbrisest lahti ja tundub pehme, on see valmis. Kui see kleepub, mähkige uuesti ja aurutage veel 15–20 minutit.
u) Eemaldage tulelt ja laske 15 minutit seista, et tainas tahetuks.
v) Serveeri röstitud Tomatillo-Chipotle Salsaga.
w) Nautige oma punase-tšiili sealiha tamaleid!

61. Hakitud liha Tamales

KOOSTISOSAD:
- 32 Corn Shucks

MASA:
- 1 tass pekk
- 1 tl tšillipulbrit

TÄITMINE:
- 1 keskmine sibul, hakitud
- 1 küüslauguküüs, purustatud
- 1/2 tl köömneid, jahvatatud
- 1/2 tl tšillipulbrit
- 1/2 supilusikatäit soola
- 1/2 supilusikatäit pekk
- 1 tl tšillipulbrit
- 1 tl Sool
- 8 tassi Masa
- 3 tassi sooja vett
- 1/4 tl musta pipart
- 3 supilusikatäit rosinaid, peeneks hakitud
- 2 spl Õli
- 1 nael Liha, hakitud
- 1/4 tassi vett

KEEDUSVESI:
- 1 pint Vesi

JUHISED:

LEOTMISED:

a) Enne kasutamist leotage maisikarpe 2 tundi või üleöö soojas vees.

TÄITMINE:

b) Prae kuumas õlis sibul, küüslauk, köömned, tšillipulber, sool, pipar ja rosinad (soovi korral).

c) Lisa hakitud liha ja vesi; hauta, kuni vedelik on imendunud.

MASA:

d) Töötle seapekk, tšillipulber ja sool masasse; sõtku kätega ühtlaseks. (Teise võimalusena kasutage leivaküpsetajat käsitsi seadistuses.)

e) Tamalesi kokkupanek:

f) Kasutades lusika tagumist osa , määrige õhuke ja ühtlane kiht masa maisipulga siseküljele, kattes poole tüki pikkusest.
g) Määri 1 supilusikatäis täidisesegu õhukeselt massiga kaetud tondiosale.
h) Keerake toksi üks külg üle teise, voldige toki selle osa alla, mis ei sisalda masat.
i) Virnastamine ja aurutamine:
j) Lao tamales püramiidmood suure pliidi põhja madalale aurutusrestile.
k) Lisa veele seapekk ja tšillipulber ning vala tamalestele.
l) Kata lisakübaraga ja auruta 4-5 tundi.
m) Vihje: kui masa on valmis , tõmbub see lahtivoldimisel tokkidest eemale.

62.Tükeldatud sealiha tamaled

KOOSTISOSAD:
- 18 Kuivatatud maisikestad
- 1 väike sibul, hakitud (1/4 tassi)
- 2 supilusikatäit taimeõli
- 1/4 tassi põhilist punast kastet
- Tükeldatud sealiha
- 2 supilusikatäit rosinaid
- 2 supilusikatäit kapparid
- 2 supilusikatäit hakitud värsket koriandrit
- 18 kivideta oliivi

HAKITUD SEALHA:
- 1 nael kondita sea abatükk
- 1 tomat, tükeldatud
- 1 väike sibul, lõigatud 1/4
- 1 porgand, lõigatud 1-tollisteks tükkideks
- 1 varsseller, lõigatud 1-tollisteks tükkideks
- 1 spl tšillipulbrit
- 1 tl Sool
- 1/4 tl köömneid
- 1/4 tl kuivatatud pune
- 1/4 teelusikatäit pipart
- 1 küüslauguküüs
- 1 loorberileht
- 1 tass rasvainet või seapekki
- 2 tassi Masa Harina
- 3 tl küpsetuspulbrit
- 2 tassi sealiha puljongit (reserveeritud sealiha keetmiseks)

JUHISED:
HAKITUD SEALHA:
a) Asetage kõik sealiha koostisosad 3-kilosesse kastrulisse.
b) Lisa nii palju vett, et see kataks.
c) Kuumuta keemiseni; vähendada kuumust.
d) Katke ja hautage, kuni sealiha on pehme, umbes 1 1/2 tundi.
e) Nõruta, jäta puljong taamale taignale.

TAMALE TAIGAS:

f) Vahusta kõik taigna koostisosad suures mikserikausis madalal kiirusel, kraapides kaussi pidevalt, kuni segu moodustab ühtlase pasta.
g) Vahusta keskmisel kiirusel heledaks ja kohevaks, umbes 10 minutit.

TAMASTE VALMISTAMINE:

h) Kata maisikestad sooja veega ja lase seista, kuni need on elastsed, vähemalt 2 tundi.
i) qt kastrulis õlis pehmeks.
j) Segage punane kaste, tükeldatud sealiha ja ülejäänud koostisosad, välja arvatud tainas ja oliivid.
k) Kuumuta keemiseni; vähendada kuumust.
l) Katke ja jahutage 15 minutit.
m) Nõruta maisikestad ; kuivatage paberrätikutega.
n) Määri 1/4 tassi tainast iga kesta keskele ühest servast kuni 1/2 tolli kaugusele teisest servast.
o) Tõsta taigna keskele 2 spl sealihasegu ja tõsta peale oliiv.
p) Rulli täidise ümber kestad, alustades taigna servast.
q) Pöörake mõlemad otsad ülespoole keskkoha poole ja kinnitage vajadusel nööriga.
r) Asetage tamales Hollandi ahju või auruti restile.
s) Valage Hollandi ahju keev vesi ainult resti tasemeni.
t) Kata Hollandi ahi kaanega ja lase vett madalal kuumusel podiseda 1 tund.

63. Time-Warp Tamales

KOOSTISOSAD:
- Üks 6 untsi kott maisikestad

MA IZE TAIGAS
- 2 tassi maize tainast
- 1 tl meresoola
- ½ tassi võid sulatatud

TÄITMINE
- 6 tervet rohelist tšillit
- 1 nael kondita ja nahata kanarinda või 1 nael kuubikuteks lõigatud kõrvitsat
- 1 tl köömneid
- 1 tl paprikat
- soola
- Pipar
- 1 spl taimeõli
- ¼ tassi peeneks hakitud kollast sibulat
- 1 tl võid
- 1 spl kanapuljongit või
- ½ tassi hakitud Cheddari juustu
- 1 spl hakitud koriandrit
- 1 supilusikatäis hakitud rohelist sibulat
- Salsa ja hapukoor, serveerimiseks

JUHISED:
a) Rehüdreerige oma maisikestad, leotades neid üleöö vees. Enne kasutamist loputage kestad maha.
b) Taigna valmistamiseks segage maize tainas suures segamiskausis soolaga.
c) Lisa aeglaselt sulatatud või, segades seda samal ajal tainasse.
d) Järgmisena rösti paprikaid grillil või prae ahjus, kuni nahk on söestunud. Jahutage ja eemaldage enne paprika kuubikuteks tükeldamist söestunud nahk ja kõik seemned.
e) Maitsesta kanarind köömnete, paprika ning maitse järgi soola ja pipraga. Kuumuta pannil õli kõrgel kuumusel ja prae kana mõlemalt poolt 3½ minutit, kuni see on kuldpruun.

f) Lisa kollane sibul ja või ning küpseta 1 minut, seejärel lisa kanapuljong ja tõsta tulelt.
g) Kui kana on jahtunud, lõika see väikesteks tükkideks.
h) Sega tükeldatud kana paprikate ja juustuga. Maitsesta soovi korral veel soola ja pipraga, seejärel lisa koriander ja roheline sibul ning sega ühtlaseks. Teie täitmine on lõppenud!
i) oma peopesa keskele ploomisuurune taignapall.
j) maisikestade keskele ja kasutage lusika seljaosa, et see ühtlaselt õhukeseks kihiks jaotada. Aseta taina peale kuhjaga supilusikatäis täidist ja valmista üks kokku keeramiseks!
k) Võtke teine maisikest ja rebige see ribadeks. Kasutate neid tükke tamali otste sidumiseks.
l) Keerake maisikest täidisega rulli ja suruge otsad kokku, surudes täidist tamali keskosa poole, seejärel keerake üleliigne kest sisse ja kinnitage kestaribade või lihtsa nööriga, nii et kest jääb aurutamise ajal kokku volditud.
m) Sel hetkel võid mõned tamaled sügavkülmutada ja mõneks päevaks salvestada või aurutada kohe.
n) Tamalesid aurutatakse traditsiooniliselt spetsiaalses korvis, kuid kasutada võib ka köögiviljaaurutit. Pakkige oma tamales aurutisse ja asetage auruti suurde potti keeva vee kohale.
o) Keerake see keemiseni ja katke pott kaanega.
p) Küpseta 1–1,5 tundi, kontrollides aeg-ajalt veetaset ja vajadusel lisades vett.
q) taigna tugevust. See peaks olema käsn ja veidi õline, kuid kindel.
r) Serveeri oma tamalesid soojalt, soovi korral kõrvale salsa ja hapukoorega.

64.Tamales kana ja salsa verdega

KOOSTISOSAD:
TAMALESI JAOKS:
- ½ (8 untsi) pakend kuivatatud maisikestad
- 4 untsi (1/2 tassi) seapekk
- 1 nael (2 tassi) värsket massi
- ⅔ tassi linnulihapuljongit
- 1 tl küpsetuspulbrit
- ½ tl soola

SALSA VERDE KOHTA:
- 1 nael tomatit
- 3 serrano tšillit
- soola
- 1 spl seapekk
- 6 oksa värsket koriandrit, jämedalt hakitud
- 1 väike sibul, hakitud
- 1 suur küüslauguküüs, hakitud
- 3 tomatit, tükeldatud
- ¼ tassi koriandrit, tükeldatud
- 1⅓ tassi hakitud kana

JUHISED:
VALMISTAGE MAISIKESTAD:
a) Hauta kestasid vees 10 minutit, et need oleksid kaetud, kaaludes neid taldrikuga, et need jääksid vee alla. Laske neil seista, kuni kestad on painduvad.

VALMISTAGE TAINAS:
b) Vahusta seapekk segistis umbes minuti jooksul väga heledaks.
c) Lisage seapekile ½ naela (1 tass) värsket massi. Vahusta, kuni see on hästi segunenud.
d) Jätkake peksmist, lisades vaheldumisi ülejäänud ½ naela masa ja linnulihapuljong, lisades ainult nii palju puljongit, et saada keskmise paksusega koogitaina konsistents.
e) Puista sisse küpsetuspulber ja sool. Vahusta veel 1 minut.

VALMISTAGE SALSA VERDE:
f) Koori ja pese tomatillod. Keeda tomatillod ja 3 serrano tšillit koos soolaga vees potis pehmeks, umbes 10–15 minutit.

g) Nõruta need ja pane köögikombaini kaussi. Lisa koriander, sibul ja küüslauk. Töötle ühtlaseks.
h) Kuumuta 1 spl searasva keskmisel-suurel pannil keskmisel-kõrgel kuumusel. Kui seapekk on piisavalt kuum, et tilk tomatipüreest särisema paneks, vala see kõik korraga sisse.
i) Segage kastet pidevalt 45 minutit, kuni see muutub tumedamaks ja paksemaks, piisavalt paksuks, et katta lusikaga. Lisa tükeldatud tomatid ja koriander. Maitsesta soolaga.

SEGA JA VORMI TAMALES:
j) Sega tükeldatud kana ½ tassi keedetud tomatikastmega.
k) Eemaldage kestad veest, kui need on pehmenenud. Patsuta kestad kuivaks. Rebige täiendavad kestad ¼ tolli laiusteks 7 tolli pikkadeks ribadeks, üks iga taala kohta.
l) Võtke see, mille laiem ots on vähemalt 6 tolli lai ja 6–7 tolli pikk. Asetage see maisikest nii, et kitsenev ots oleks teie poole.
m) Jaotage paar supilusikatäit taignasegu ruudukujuliseks, jättes endapoolsele küljele vähemalt 1 1/2-tollise äärise ja teistele külgedele ¾-tollise äärise.
n) Korjake üles maisikoore kaks pikka külge ja viige need kokku, kattudes üksteisega. Voldi kesta alumine osa tihedalt üles kuni täitejooneni. Jätke ülemine osa lahti. Kinnitage see oma kohale, sidudes ühe kestariba lõdvalt ümber tamali. Korrake ülejäänud kestade ja taignaseguga.
o) Asetage tamalesid ettevalmistatud aurutisse kokkuvolditud põhjale, jälgides, et need ei oleks liiga tihedalt pakitud, kuna need peavad paisuma. Katke kestajääkide kihiga. Kata kaanega ja auruta 1 tund.
p) Kontrollige hoolikalt, et kogu vesi ära ei keeks, vajadusel lisage keeva vett.
q) Serveeri koos täiendava salsaga.

65. Kana Tamales paprika ja basiilikukastmega

KOOSTISOSAD:
RÖSTITUD PUNASE PIPRI-BASILIKUKASTE:
- 4 punast paprikat, röstitud, kooritud, seemnetest puhastatud ja kuubikuteks lõigatud
- 2 küüslauguküünt, hakitud
- 1 spl hakitud värsket basiilikut
- 1 Chipotle tšilli varrega
- 2 spl Durkee Cayenne'i kastet
- 1/2 tl Jahvatatud köömneid
- Soola maitse järgi

TAMALE TAIGAS:
- 1 1/2 tassi Masa harina
- 1/2 teelusikatäit Suhkur
- 1/2 teelusikatäit soola
- 1 tl sulatatud võid
- 1 küüslauguküüs, hakitud
- 3/4 tassi vett
- 1 tl Taimeõli

TÄITMINE:
- 1/2 naela kondita suitsukana, tükeldatud
- 2 küüslauguküünt, hakitud
- 4 Uus-Mehhiko tšillit , röstitud, kooritud, varrega, seemnetest puhastatud ja jämedalt tükeldatud
- 1/4 tassi riivitud Monterey Jacki juustu
- 1/4 tassi riivitud Cheddari juustu
- 1 tl Jahvatatud köömned
- 1/2 tl jahvatatud koriandrit
- 1/2 tl Tšiili pulbrit
- Sool ja pipar maitse järgi
- 8 suured maisikestad

JUHISED:
RÖSTITUD PUNASE PIPRI-BASILIKUKASTE:
a) Sega segistis või köögikombainis röstitud punane paprika, küüslauk, basiilik, chipotle tšilli , cayenne'i kaste, jahvatatud köömned ja sool.

b) Blenderda ühtlaseks. Tõsta kõrvale või jahuta kuni serveerimiseks valmis.

TAMALE TAIGAS:

c) Sega kausis masa harina , suhkur, sool, sulatatud või, hakitud küüslauk ja vesi.
d) Sega, kuni moodustub pehme tainas. Katke kilega ja asetage kõrvale.

TÄITMINE:

e) Kuumuta suurel pannil kõrgel kuumusel taimeõli.
f) Lisa kuubikuteks lõigatud suitsukana ja küpseta peaaegu küpseks (umbes 4 minutit).
g) Lisa hakitud küüslauk ja röstitud Uus-Mehhiko tšillid . Viska kombineerimiseks.
h) Eemaldage kuumusest ja laske jahtuda. Lisa riivitud Monterey Jacki ja Cheddari juustud, jahvatatud köömned, jahvatatud koriander, tšillipulber , sool ja pipar. Sega hästi.

KOKKUPANEK:

i) Leota maisikestad 10 minutit soojas vees, kuni need muutuvad elastseks.
j) Rebi 2 kestat 12 ribaks ja tõsta kõrvale.
k) Laota 6 kestat tööpinnale ja jaota tamale tainas nende vahel ühtlaselt.
l) Vormi tainas ristkülikuks, jättes külgedele 1/2-tollise äärise.
m) Tõsta kanatäidis lusikaga taigna keskele.
n) Rulli kest pikuti üle täidise, et moodustada torukujuline täidis taignasse.
o) Mähi tainas täielikult kesta sisse ja seo mõlemad otsad rebitud ribadega kinni.
p) Asetage tamales aurutisse, katke tihedalt kaanega ja aurutage 15–20 minutit.
q) Serveeri kohe koos röstitud punase paprika ja basiiliku kastmega.

66.Tšiili maitsestatud püreestatud maisitamalesid

KOOSTISOSAD:
- 3½ tassi maisiterad (värsked või konserveeritud)
- ½ tassi piima
- 1 tl Sool
- Värskelt jahvatatud must pipar
- 1 tl Aji tšillipulber või selle asendaja New Mexican
- 2 spl margariini
- 1 sibul, hakitud
- ½ tassi suvikõrvitsat, peeneks hakitud
- 1 spl punast paprikat, tükeldatud
- 1 spl Värsket koriandrit, hakitud
- ¼ tassi Parmesani juustu, riivitud
- Banaanilehed (6 x 6 tolli) või maisikestad

JUHISED:
a) Püreesta maisiterad koos piimaga köögikombainis. Lisage sool, pipar ja tšillipulber ning segage hästi.
b) Kuumuta suurel pannil margariin ja prae sibulat, squashit, punast paprikat ja koriandrit 10 minutit.
c) Lisa püreestatud mais ja küpseta pidevalt segades, kuni see pakseneb, umbes 5 minutit.
d) Lisage riivjuust, segage hästi ja eemaldage kuumusest.
e) Blanšeeri banaanilehed või maisikestad keevas vees ja nõruta.
f) Eemaldage ükshaaval iga kest ja määrige iga kesta keskele umbes 4 supilusikatäit maisisegu.
g) Voldi kest ümber maisisegu, et tekiks ruudukujuline pakike, ja seo kööginööriga kindlalt kinni. Veenduge, et kõik servad oleksid suletud , et tainas kestast välja ei pääseks.
h) Kui kõik kestad on täidetud , asetage need kaanega suurde soolaga maitsestatud vette ja hautage madalal kuumusel kaanega umbes 1 tund.
i) Serveeri tamalesid soojalt kestades. Neid saab ka aurutada .

67.Succotash Tamales

KOOSTISOSAD:
- 200 grammi kiirkuskussi, nõrutatud ja eelkeedetud
- 100 grammi konserveeritud võiube, nõrutatud
- 100 grammi konserveeritud suhkrumaisi tuumad
- 100 grammi värskeid kooritud herneid
- 1 väike magus punane pipar
- 4 kevadsibulat
- 1 suur nupp võid
- 4 Tamale (kuivatatud maisikestad)
- Peotäis koriandri lehti
- Sool ja pipar maitse järgi

JUHISED:
a) Haki peeneks kevadsibul ja punane paprika.
b) Prae hakitud talisibul ja punane paprika õrnalt väheses võis läbi. Maitsesta soola ja pipraga.
c) Lisa võioad, maisiterad ja herned. Hauta õrnalt 2 minutit.
d) Lisa keedetud kuskuss ja kuumuta õrnalt läbi.
e) Viimasena sega läbi koriandrilehed.
f) Täida iga seotud tamale võrdselt succotashi seguga.
g) Serveeri vürtsika kanaliha, praadide või Cajuni praemunaga.
h) Nautige oma Succotash Tamalesi!

68. Sweet Bean Tamales

KOOSTISOSAD:
MASA TAINAS:
- 2/3 tassi seapekk
- 2 supilusikatäit Suhkur
- 1½ teelusikatäit soola
- 1½ naela Värske masa tamalidele
- 1 tass vett

MAGUSA UBA TÄIDIS:
- 1 liitrit Pinto ube, keedetud ja nõrutatud
- 1/4 tassi seapekk
- 1 tass purustatud panocha (Mehhiko pruun suhkur) või tume suhkur
- 1 tl jahvatatud kaneeli
- 1 tl Jahvatatud nelk
- 2 tassi rosinaid, leotatud kuumas vees 1/2 tundi

MAISIKESTAD:
- Maisikestad, leotatud kuumas vees 10 minutit, kuni need muutuvad elastseks, seejärel loputatud ja nõrutatud

JUHISED:
MASA TAINAS:
a) Vahusta seapekk, suhkur ja sool elektrimikseris kohevaks vahuks.
b) Lisa järk-järgult, vaheldumisi veega.
c) Vahusta kohevaks. Katsetage, asetades väikese segu proovi klaasi vette. Kui proov ujub, on masa valmis.

MAGUSA UBA TÄIDIS:
d) Püreesta nõrutatud oad.
e) Kuumuta seapekk pannil.
f) Lisa oad, panocha , kaneel, nelk ja nõrutatud rosinad.
g) Hauta 15 minutit, sageli segades, et vältida ubade kõrbemist.
h) Enne kasutamist jahutada.

TAMASTE KOOSTAMINE:
i) Väikeste tamalate jaoks asetage 1 supilusikatäis masat kesta laiale otsale ja määrige see mõlemale küljele.
j) Asetage keskele 1 kuhjaga supilusikatäis oasegu.
k) Murra kestade küljed täidisega katteks nii, et servad kattuvad.

l) Pöörake terav ots tamale poole ja suruge lahtised otsad kokku.

AURAVAD TAMALES:

m) Asetage tassisuurune fooliumipakk suurde veekeetjasse ja lisage 2 tassi vett.
n) Asetage tamaled püramiidi, avatud ots ülespoole, volditud ots vastu fooliumi, et see kinni hoida.
o) Aurutage kaanega 40 minutit.

69.Magusad musta riisi tamaleed koos Ha Gow'ga

KOOSTISOSAD:
RIISIMASA KOHTA:
- 3 tassi Tai magusat musta riisi
- 2 tl Küpsetuspulbrit
- 8 untsi soolamata võid

HA GOW TÄIDISEKS:
- 27 untsi Ha gow täidis

KOKKUPANEKUKS:
- 18 maisikestad, niisutatud
- Kuivatatud hiina mustad seened, leotatud ja hakitud
- ½ naela Peeneks tükeldatud krevetid
- ½ teelusikatäit soola
- 1½ teelusikatäit Suhkur
- 1 munavalge, lahtiklopitud
- 1½ teelusikatäit Värskelt riivitud ingverit
- 1 spl kuiva valget veini
- 2 supilusikatäit maisitärklist
- 2 tl austrikastet
- 1 tl Sojakastet
- 1½ teelusikatäit seesamiõli
- 1½ tl maapähkliõli
- ¼ tassi peeneks hakitud jicama
- ¼ tassi peeneks tükeldatud porgandit
- 1 suur hunnik hakitud talisibul
- 1 näputäis valget pipart
- ¾ tassi kääritatud mustad oad
- ¼ tassi hakitud küüslauku

SZECHUAN MUSTA OBA KASTE:
- 6 musta rannakarpi, nende kestades
- 2 supilusikatäit maapähkliõli
- 2 supilusikatäit soolata võid, pluss 2 untsi roa viimistlemiseks
- 1 tass ploomiveini
- 1 tass Mirin
- 3 tassi Kana puljong
- 2 supilusikatäit punast misot
- 1 spl Hoisin kastet

- 2 supilusikatäit küüslauku
- 2 supilusikatäit ingverit
- 1 supilusikatäis talisibulat
- ½ tl purustatud punast tšillit

KHINOISISEGU JAOKS:
- 1 tass mustad oad
- ¼ tassi küüslauku
- ¼ tassi hakitud chinois

JUHISED:
RIISIMASA KOHTA:
a) Jahvata riis kohviveskis võimalikult peeneks.
b) Leota soojas vees 1 tund. Nõruta läbi marli ja tõsta labakinnitusega köögikombaini.
c) Lisage küpsetuspulber ja või, segades, kuni koostisosad on segunenud ja tekstuur sarnaneb masale.

HA GOW TÄIDISEKS:
d) Leota seeni kuumas vees 30 minutit. Eemaldage varred ja hakklihakorgid.
e) Asetage krevetid köögikombaini soola, suhkru, munavalge, ingveri, veini, maisitärklise, austrikastme, sojakastme, seesamiõli ja maapähkliõliga. Pärast iga lisamist segage hoolikalt.
f) Lisa seened, jicama, porgand, hakitud talisibul ja valge pipar. Sega hästi.

KOKKUPANEKUKS:
g) Asetage iga tamali jaoks kaks niisutatud maisikestat tööpinnale, moodustades ristküliku.
h) Aseta peale 2 untsi riisimassat, seejärel 3 untsi ha gow täidist ja lõpuks veel 2 untsi riisimassat.
i) Mähi ja aseta aurutisse. Aurutage umbes 50–60 minutit, kuni riis on küps.

SZECHUAN MUSTA OBA KASTE:
j) Töötle mustad oad, küüslauk ja chinois jämedalt.
k) Prae koos karpidega väheses maapähkliõlis ja või.
l) Lisa ploomivein, mirin ja vähenda. Seejärel lisage kanapuljong, miso ja hoisin ning vähendage.

m) Eemalda rannakarbid ja püreesta segu.
n) Kastme lõpetamiseks paigaldage 2 untsi võid.
o) Chinoisi segu jaoks:
p) Sega kõik koostisained.

70.Roheline maisi Tamale pajaroog

KOOSTISOSAD:
- 1 (4 untsi) purk tervet rohelist tšillit
- 3 tassi värsket maisi või külmutatud maisi
- ⅓ tassi kollast maisijahu
- 2 spl sulatatud võid
- 2 tl suhkrut
- 1 tl soola
- 1 tass riivjuustu

JUHISED:
a) Kuumuta ahi 350 kraadini. Määri võiga ahjuvorm.
b) Lõika rohelised tšillid laiadeks ribadeks.
c) Segage segistis värske või külmutatud mais, kollane maisijahu, sulatatud või, suhkur ja sool, kuni need on hästi segunenud.
d) Lao pool maisijahu segust võiga määritud ahjuvormi põhja, seejärel rohelise tšilli ribad ja riivjuust. Korrake kihte, lõpetades ülejäänud maisijahu seguga. Kõige peale puista veel juustu.
e) Kata roog fooliumiga ja küpseta 1 tund 350 kraadi juures.

71. Kapsas Tamales

KOOSTISOSAD:
- 1 suur peakapsas
- 4 naela sealihakotlette või sisefilee, kuumtöötlemata
- ½ naela Minute riis, keedetud
- 1 nael peekonit, kuumtöötlemata
- 1 suur purk tomatimahla
- 1 keskmine sibul, hakitud
- Sool ja pipar maitse järgi
- Punane pipar (pulbrina)

JUHISED:
a) Keeda riis vastavalt pakendi juhistele.
b) Lõika kapsast südamik võimalikult välja. Aseta kogu kapsapea kuuma soolaga maitsestatud vette, kuni välimised lehed muutuvad pehmeks. Eemaldage veest ja asetage taldrikule, eemaldades lehed, kui need pehmendavad. Pange kapsas aeglaselt keevasse vette, kuni kõik lehed on eemaldatud.
c) Lõika sealiha umbes ½-tollisteks ruutudeks.
d) Vooderda röstimispanni põhi ja küljed küpsetamata peekoniga.
e) Võtke üks kapsaleht korraga. Asetage igale lehele supilusikatäis keedetud riisi, 4–5 kuubikut sealiha, veidi hakitud sibulat ning näputäis soola ja pipart (valikuline). Rulli leht kokku ja aseta röstimispannile. Korrake seda protsessi iga lehe jaoks.
f) Asetage ülejäänud liha, sibul ja riis rullitud kapsalehtede peale. Vooderda pealt peekoniga.
g) Valage röstimispannile üks purk tomatimahla ja üks purk vett. Puista peale jahvatatud punane pipar.
h) Küpseta kaane all 350 kraadi juures 3 tundi.
i) Serveeri kapsatamalesid prantsuse leivaga. Nautige!

72. Chilahuates (banaanilehtedesse mähitud tamale)

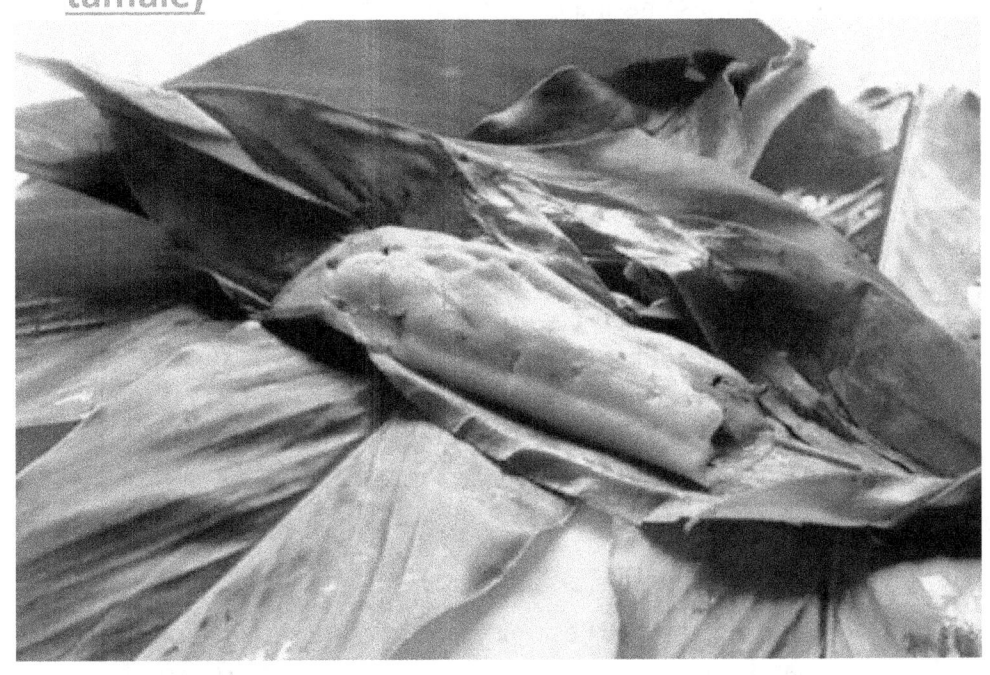

KOOSTISOSAD:
- 1 tass musti ube
- 4 tassi masa harina
- ½ tassi köögiviljade lüpset
- 2 tassi köögiviljapuljongit, leige
- 1 tl soola
- 1 tl küpsetuspulbrit
- 3 banaanilehte
- ¼ tassi taimeõli
- 1 küüslauguküüs, peeneks hakitud
- ½ tassi talisibulat, peeneks hakitud
- 1 chayote squash, peeneks hakitud
- 6 jalapeno tšillit , varrega ja peeneks hakitud
- ½ tassi mandleid, blanšeeritud ja peeneks hakitud
- ¼ tassi hakitud värsket koriandrit
- Sool, maitse järgi

JUHISED:

a) Pane mustad oad keskmisesse potti, lisa vesi ja kuumuta keemiseni. Alanda kuumust ja hauta kaane all 1-2 tundi, kuni oad on pehmed. Oad on keedetud , kui nende koor segamisel kergesti puruneb.

b) harina segamiskausis leige köögiviljapuljongiga aedviljapuruga, umbes 10 minutit, kuni see on kerge ja kohev. Lisa sool ja küpsetuspulber ning klopi veel 2 minutit.

c) Puhasta ja keeda või söe banaanilehed (kui pole eelküpsetatud). Kärbi kõvad veenid välja ja lõika lehed umbes 8–10-tollisteks ruutudeks.

d) Kuumuta pannil taimeõli ja prae selles küüslauk ja talisibul kuldseks. Lisage chayote, jalapeno tšillid , mandlid, koriander ja keedetud mustad oad. Sega hästi, sega ja keeda kõik koos. Maitsesta maitse järgi soolaga.

e) Laota banaanilehe ruudule veidi vähem kui ½ tassi masa harinat nagu pannkooki. Vala peale umbes 2 tl köögivilja/oa segu. Voldi leht nagu pakend kokku ning korda ülejäänud lehtede ja täidisega.

f) Asetage tamaled aurutisse, kattudes diagonaalselt, et aur läbi saaks. Kata pott kaanega ja auruta vähemalt 1½ tundi, kontrollides aeg-ajalt veetaset.
g) Pärast küpsetamist keerake banaanilehed ettevaatlikult lahti ja serveerige chilahuate kuumalt . Nautige oma maitsvaid banaanilehtedesse pakitud tamalesid!

73.Krevetid ja maisid

KOOSTISOSAD:
- 2 tassi masa harinat
- 1 tass kana- või köögiviljapuljongit
- 1/2 tassi soolamata võid, pehmendatud
- 1 tass keedetud krevette, hakitud
- 1 tass maisiterad
- 1/4 tassi hakitud värsket koriandrit
- 1 tl köömneid
- Sool ja pipar maitse järgi
- Maisikestad pakkimiseks

JUHISED:
a) Sega masa harina puljongi ja pehme võiga taignaks.
b) Voldi sisse keedetud krevetid, mais, koriander, köömned, sool ja pipar.
c) Määri segu maisikestade peale ja voldi tamaledeks.
d) Aurutage 1-1,5 tundi.

74. Homaar ja avokaado

KOOSTISOSAD:
- 2 tassi masa harinat
- 1 tass kala- või köögiviljapuljongit
- 1/2 tassi soolamata võid, pehmendatud
- 1 tass keedetud homaariliha, tükeldatud
- 1/2 tassi tükeldatud avokaadot
- 1/4 tassi hakitud värsket peterselli
- 1 tl laimi koort
- Sool ja Cayenne'i pipar maitse järgi
- Maisikestad pakkimiseks

JUHISED:
a) Sega masa harina puljongi ja pehme võiga taignaks.
b) Voldi sisse keedetud homaar, kuubikuteks lõigatud avokaado, petersell, laimikoor, sool ja Cayenne'i pipar.
c) Määri segu maisikestade peale ja voldi tamaledeks.
d) Aurutage 1-1,5 tundi.

75.Krabi ja röstitud punase pipraga tamalased

KOOSTISOSAD:
- 2 tassi masa harinat
- 1 tass kala- või köögiviljapuljongit
- 1/2 tassi soolamata võid, pehmendatud
- 1 tass tükk krabiliha
- 1/2 tassi röstitud punast paprikat, tükeldatud
- 1/4 tassi hakitud rohelist sibulat
- 1 tl Old Bay maitseainet
- Sool ja must pipar maitse järgi
- Maisikestad pakkimiseks

JUHISED:
a) Sega masa harina puljongi ja pehme võiga taignaks.
b) Voldi sisse tükkideks krabiliha, röstitud punane paprika, roheline sibul, Old Bay maitseaine, sool ja must pipar.
c) Määri segu maisikestade peale ja voldi tamaledeks.
d) Aurutage 1-1,5 tundi.

76.Lõhe ja tilli Tamales

KOOSTISOSAD:
- 2 tassi masa harinat
- 1 tass kala- või köögiviljapuljongit
- 1/2 tassi soolamata võid, pehmendatud
- 1 tass keedetud lõhet, helbed
- 1/4 tassi hakitud värsket tilli
- 1/4 tassi kapparid, nõrutatud
- 1 tl sidrunikoort
- Sool ja valge pipar maitse järgi
- Maisikestad pakkimiseks

JUHISED:
a) Sega masa harina puljongi ja pehme võiga taignaks.
b) Voldi sisse keedetud lõhe, till, kapparid, sidrunikoor, sool ja valge pipar.
c) Määri segu maisikestade peale ja voldi tamaledeks.
d) Aurutage 1-1,5 tundi.

CHURROS

77. Põhilised praetud churros

KOOSTISOSAD:
- 1 tass vett
- 2 ½ supilusikatäit granuleeritud suhkrut
- ½ tl soola
- 2 spl taimeõli
- 1 tass universaalset jahu
- 2 liitrit õli praadimiseks
- ½ tassi granuleeritud suhkrut (maitse järgi)
- 1 tl jahvatatud kaneeli

JUHISED:

a) Segage väikeses kastrulis keskmisel kuumusel vesi, 2 ½ supilusikatäit granuleeritud suhkrut, sool ja 2 supilusikatäit taimeõli.

b) Lase segul keema tõusta ja seejärel tõsta tulelt. Sega juurde jahu, kuni segust moodustub pall.

c) Kuumutage praeõli fritüüris või sügavas potis temperatuurini 375 kraadi F (190 kraadi C).

d) Tõsta tainas tugevasse kondiitrikotti, mis on varustatud keskmise täheotsaga.

e) Torutage mõned 5–6-tollised taignaribad ettevaatlikult kuuma õli sisse, töötades partiidena, et vältida fritüüri ülerahvastatust.

f) Prae churrosid, kuni need muutuvad kuldpruuniks. Eemaldage churros õlist ämbliku või lusikaga ja asetage need paberrätikutele nõrguma.

g) Segage ½ tassi granuleeritud suhkrut jahvatatud kaneeliga.

h) Veereta nõrutatud churrosid kaneeli ja suhkru segus.

i) Reguleerige suhkru kogust vastavalt oma maitse-eelistustele.

78. Põhilised küpsetatud churros

KOOSTISOSAD:
- 1 tass (8 untsi/225 g) vett
- ½ tassi (4 untsi/113 g) võid
- ½ tl vaniljeekstrakti
- 2 spl suhkrut
- ¼ teelusikatäit soola
- 143 g tavalist jahu/ universaaljahu
- 3 muna (toatemperatuuril)

JUHISED:

a) Kuumuta ahi temperatuurini 400 °F (200 °C). Line pärgamentpaber; kõrvale panema.
b) Keskmises kastrulis lisage vesi, suhkur, sool ja või.
c) Asetage keskmisele-kõrgele kuumusele.
d) Kuumuta kuni või on sulanud ja segu hakkab podisema.
e) Niipea kui see keeb, vispelda sisse jahu.
f) Vahusta, kuni jahutükke ei ole ja on tekkinud tainapall.
g) Nüüd soovite puulusikaga tainast oma poti ümber segada ja seda umbes minut madalal kuumusel küpsetada.
h) Segu läheb tükkideks ja tõmbab külgedelt eemale
i) Lisage oma puulusikaga tainasse veidi munasegu. Segage ja purustage tainas, kuni see on lahti. Sega hästi, kuni munad on segunenud ja segu on kartulipudru välimus.
j) Jätkake munade lisamist, kuni need on ühendatud
k) Tehke seda, avaldades kotile survet ja lõigates aeglaselt kääridega.
l) Jätke churrode vahele umbes 2 tolli ruumi.
m) Küpseta umbes 18-22 minutit või kuni kuldpruunini.
n) SIIS lülitage ahi välja ja jätke need 10 minutiks veidi kuivama. See samm aitab neil säilitada oma kuju ega muutu pärast jahtumist tasaseks.
o) Lihtsalt tehke seda üks minut :), seejärel võtke see tulelt ja asetage see kõrvale.
p) Sega kannus munad ja vanill ning vahusta.
q) Viige tainas tähtotsikuga varustatud torukotti.
r) Tõsta tainas pärgamendiga kaetud vormidele pikkadeks churrodeks. Veenduge, et toru oleks ilus ja paks.
s) Kombineeri suhkur, kaneel ja sool lukuga kotis.
t) Võtke churrod otse ahjust ja viskage need segusse, kuni need on korralikult kaetud. Kõige parem on seda teha siis, kui churrod on soojad ja värskelt ahjust tulnud.
u) Nautige omatehtud churrosid.

79. Kaneeli Churros

KOOSTISOSAD:
- ¼ tassi võid
- 1 tass suhkrut
- 1 spl suhkrut
- ½ tassi valge maisijahu
- ½ tassi jahu
- 3 suurt muna
- 2 tl kaneeli

JUHISED:
a) Kuumuta keskmises kastrulis või koos 1 spl suhkru, ½ tl soola ja 1 tassi veega keemiseni. eemaldage pann tulelt; lisa kohe maisijahu ja jahu korraga. madalal kuumusel,
b) Keeda segu pidevalt segades, kuni tainast moodustub pall, umbes 1 minut. klopi sisse ükshaaval munad, kloppides iga lisamise järel tugevalt lahti, kuni tainas on ühtlane. vooderda küpsetusplaat paberrätikutega.
c) Sega paberkotis või suures kausis ülejäänud suhkur kaneeliga. kuumutage sügaval raskel pannil või Hollandi ahjus 3 tolli salatiõli temperatuurini 375 kraadi f. lusikaga tainas kondiitrikotti, millel on number 6 otsik. toru 5 tolli pikkused tainas kuuma õli sisse.
d) Prae mõlemalt poolt pruuniks, mõlemalt poolt umbes 1½ minutit. eemaldage lusikaga churros õlist ja asetage need küpsetusplaadile. pange veel kuumana kotti ja katke kaneeli-suhkru seguga. serveeri kohe.

80. Viie vürtsi Churros

KOOSTISOSAD:
- Taimeõli (friteerimiseks)
- ½ tassi + 2 spl suhkrut
- ¾ tl jahvatatud kaneeli
- ¾ tl viie vürtsi pulbrit
- 1 pulk (8 supilusikatäit) soolamata võid (tükeldatuna)
- ¼ teelusikatäit soola
- 1 tass universaalset jahu
- 3 suurt muna

JUHISED:
a) Täitke suur ja raske pott 2-tollise taimeõliga ja soojendage seda 350 kraadi F-ni, kasutades friteerimistermomeetrit. Valmista ette suure täheotsaga kondiitritoode ja aseta selle lähedale paberrätikutega vooderdatud taldrik.
b) Sega suurel taldrikul ½ tassi suhkrut, jahvatatud kaneeli ja viie vürtsi pulbrit.
c) Sega keskmises kastrulis või, sool, ülejäänud 2 supilusikatäit suhkrut ja 1 tass vett. Kuumuta see segu keskmisel kuumusel keema. Kui see keeb, lisa jahu ja sega puulusikaga intensiivselt, kuni segu moodustab palli. Tõsta see tulelt ja lisa ükshaaval munad, iga lisamise järel intensiivselt segades. Tõsta saadud tainas lusikaga ettevalmistatud kondiitrikotti.
d) Töötades partiidena, toruke umbes 5-tollise pikkusega taignast kuuma õli sisse, lõigake otsad torukotist lahti, kasutades noa. Kindlasti ärge pange potti üle. Prae, kuni churros on kõikjalt sügavkuldpruunid, mis peaks võtma umbes 6 minutit.
e) Tõsta need vooderdatud taldrikule korraks nõrguma, seejärel tõsta viie vürtsise suhkruseguga taldrikule ja kata ühtlaselt.
f) Serveerige oma viie vürtsiga churros kohe. Nautige!

81. Vürtsikas Corn Churros

KOOSTISOSAD:
SALSA JA QUESO KOHTA:
- 6 kuivatatud kaskaabel tšillid , varred ja seemned
- 4 suurt tomatit, südamikud
- 2 Fresno tšillit, varrega
- ¾ valget sibulat, kooritud, viiludeks lõigatud
- 2 küüslauguküünt, kooritud
- 2 spl värsket laimimahla
- Kosher sool
- 3 supilusikatäit soolata võid
- 2 spl universaalset jahu
- 1 ½ tassi piima (või rohkem)
- ½ naela Monterey jack juustu, riivitud
- ½ naela riivitud cheddari juustu (noor keskmine või terav)

CHURROSE KOHTA:
- 1 spl tšillipulbrit
- 2/3 tassi piima
- 6 spl soolata võid
- ½ tl jahvatatud köömneid
- ½ tassi universaalset jahu
- ½ tassi maisijahu
- 3 suurt muna
- Taimeõli (praadimiseks, umbes 12 tassi)

JUHISED:
a) Kuumuta ahi temperatuurini 350 °F. Rösti kaskaabel tšillid kuni lõhnavad ja kergelt pruunid umbes 5 minutit. Eemaldage tšillid küpsetusplaadilt ja laske neil jahtuda.
b) Tõstke ahju temperatuuri 450 ° F-ni. Röstige ääristatud küpsetusplaadil tomateid, Fresno tšillit ja sibulat 30–35 minutit, kuni nahk on pruunistunud ja hakkab viljalihast eralduma. Tõsta need blenderisse ja lisa küüslauk, laimimahl ja 2 tl soola; blenderda ühtlaseks. Lisa röstitud cascabel tšilli ja blenderda kuni jämedalt hakitud. Laske sellel seista toatemperatuuril kuni serveerimiseks.
c) Keskmises kastrulis sulatage või keskmisel kuumusel. Sega juurde jahu ja küpseta, kuni see on segunenud umbes 1 minut. Vahusta

piim ja jätka keetmist, kuni segu keeb ja pakseneb umbes 4 minutit. Alandage kuumust, lisage järk-järgult mõlemad juustud ja keetke pidevalt segades, kuni juust on täielikult sulanud ja queso ühtlane. Kui see tundub liiga paks, sega juurde veidi piima. Hoidke quesot soojas kuni serveerimiseni.

d) Paigaldage tähtotsaga kondiitri kott. Vahusta väikeses kausis tšillipulber ja 1 spl soola; pane see kõrvale.
e) Kuumuta keskmisel kastrulis keskmisel kõrgel kuumusel piim, või, köömned, 1¼ teelusikatäit soola ja ½ tassi vett keemiseni.
f) Lisa puulusikaga korraga jahu ja maisijahu ning sega intensiivselt, kuni tainas kokku tuleb, umbes 30 sekundit.
g) Laske sellel 10 minutit pannil seista, et maisijahu niisutada. Tõsta segu mikseri kaussi või suurde kaussi.
h) Lisage taignale ükshaaval munad, kasutades labaseguriga varustatud mikserit keskmisel-madalal kiirusel, veendudes, et enne järgmise lisamist lisate iga muna (või segage intensiivselt puulusikaga). Tainas tundub alguses katki; jätka peksmist, kaussi aeg-ajalt kraapides, kuni tainas on ühtlane, läikiv ja mõnevõrra veniv (tõmmake väike taignatükk ära ja venitage – see ei tohiks puruneda). Tõsta tainas lusikaga ettevalmistatud kondiitrikotti.
i) Vala suurde potti õli, nii et see jääks poole külgede peale. Paigaldage pott termomeetriga ja kuumutage seda keskmisel kuumusel, kuni termomeeter registreerib 350 ° F. Hoidke kotti nurga all nii, et selle ots oleks õli pinnast paar tolli kõrgemal, pigistage tainas välja, liigutades kotti pigistades nii, et tainas juhitakse 6 tolli pikkuses torustikus õli sisse. Koorimisnoa abil lõika tainas otsast ära, et see õlisse eralduks Korrake seda protsessi, et teha veel 4 taignapikkust.
j) Prae churrosid üks kord keerates ja õlitemperatuuri hoidmiseks vastavalt vajadusele kuumust reguleerides, kuni need on igast küljest kuldpruunid, 2–3 minutit mõlemalt poolt. Tõsta need paberrätikuga vooderdatud ahjuplaadile. Korrake ülejäänud taignaga.
k) Puista soojad churros reserveeritud tšilli-soola seguga. Tõsta salsa sooja queso peale ja sega kokku; serveeri soojade churrodega. Nautige!

82.Šokolaad Churros

KOOSTISOSAD:
- 1 tass vett
- 2 spl suhkrut
- ½ tl soola
- 2 spl taimeõli
- 1 tass universaalset jahu
- Taimeõli praadimiseks
- ¼ tassi tuhksuhkrut (puistamiseks)
- ½ tassi šokolaaditükke
- ¼ tassi rasket koort

JUHISED:
a) Sega kastrulis vesi, suhkur, sool ja taimeõli. Kuumuta segu keemiseni.
b) Tõsta kastrul tulelt ja lisa jahu. Sega, kuni segust moodustub taignapall.
c) Kuumuta taimeõli sügaval pannil või potis keskmisel kuumusel.
d) Tõsta tainas tähtotsaga varustatud torukotti.
e) Valage tainas kuuma õli sisse, lõigake see noa või kääridega 4–6 tolli pikkusteks tükkideks.
f) Prae aeg-ajalt keerates igalt poolt kuldpruuniks.
g) Eemalda churros õlist ja nõruta paberrätikul.
h) Puista churros tuhksuhkruga.
i) Segage mikrolaineahjus kasutatavas kausis šokolaaditükid ja koor. Küpseta mikrolaineahjus 30-sekundiliste intervallidega, vahepeal segades, kuni see on ühtlane.
j) Serveeri churros koos šokolaadikastmega dippimiseks.

83.Karamelliga täidetud Churros

KOOSTISOSAD:
- 1 tass vett
- 2 spl suhkrut
- ½ tl soola
- 2 spl taimeõli
- 1 tass universaalset jahu
- Taimeõli praadimiseks
- ¼ tassi suhkrut (katmiseks)
- 1 tl jahvatatud kaneeli (katmiseks)
- Valmistatud karamellkaste

JUHISED:
a) Sega kastrulis vesi, suhkur, sool ja taimeõli. Kuumuta segu keemiseni.
b) Tõsta kastrul tulelt ja lisa jahu. Sega, kuni segust moodustub taignapall.
c) Kuumuta taimeõli sügaval pannil või potis keskmisel kuumusel.
d) Tõsta tainas tähtotsaga varustatud torukotti.
e) Valage tainas kuuma õli sisse, lõigake see noa või kääridega 4–6 tolli pikkusteks tükkideks.
f) Prae aeg-ajalt keerates igalt poolt kuldpruuniks.
g) Eemalda churros õlist ja nõruta paberrätikul.
h) Sega eraldi kausis suhkur ja kaneel. Veereta churrosid kaneelisuhkrusegus, kuni need on kaetud.
i) Täida churros süstla või kondiitritoodete koti abil valmistatud karamellkastmega.
j) Serveeri karamelliga täidetud churrosid soojalt.

84. Dulce De Leche Churros

KOOSTISOSAD:

- 1 tass vett
- 2 spl suhkrut
- ½ tl soola
- 2 spl taimeõli
- 1 tass universaalset jahu
- Taimeõli praadimiseks
- ¼ tassi suhkrut (katmiseks)
- 1 tl jahvatatud kaneeli (katmiseks)
- Valmistatud dulce de leche

JUHISED:

a) Sega kastrulis vesi, suhkur, sool ja taimeõli. Kuumuta segu keemiseni.
b) Tõsta kastrul tulelt ja lisa jahu. Sega, kuni segust moodustub taignapall.
c) Kuumuta taimeõli sügaval pannil või potis keskmisel kuumusel.
d) Tõsta tainas tähtotsaga varustatud torukotti.
e) Valage tainas kuuma õli sisse, lõigake see noa või kääridega 4–6 tolli pikkusteks tükkideks.
f) Prae aeg-ajalt keerates igalt poolt kuldpruuniks.
g) Eemalda churros õlist ja nõruta paberrätikul.
h) Sega eraldi kausis suhkur ja kaneel. Veereta churrosid kaneelisuhkrusegus, kuni need on kaetud.
i) Serveerige churrose kastmiseks ettevalmistatud dulce de leche'ga

FLAN

85.Šokolaadiflan

KOOSTISOSAD:
- 1 tass suhkrut
- 4 muna
- 2 tassi piima
- ½ tassi rasket koort
- 1 tl vaniljeekstrakti
- 4 untsi kibemagusat šokolaadi, tükeldatud

JUHISED:
a) Kuumuta ahi temperatuurini 350 °F.
b) Sulata väikeses potis keskmisel kuumusel suhkur, kuni see muutub kuldpruuniks karamelliks.
c) Valage karamell 9-tollisse ümmargusse koogivormi, keerates panni põhja ja külgede katmiseks.
d) Vahusta suures kausis munad, piim, koor, vaniljeekstrakt ja tükeldatud šokolaad ühtlaseks massiks.
e) Vala munasegu koogivormi ja aseta vorm suuremasse kuuma veega täidetud ahjuvormi, tekitades veevanni.
f) Küpseta 50–60 minutit või seni, kuni plaat on tahenenud, kuid keskelt jääb see siiski kergelt särisema.
g) Eemaldage pann veevannilt ja laske sellel jahtuda toatemperatuurini.
h) Katke ja jahutage külmkapis vähemalt 2 tundi või üleöö.
i) Serveerimiseks lükake noaga ümber panni serva ja pöörake plaat serveerimisvaagnale.

86. Vanilla Baileys Caramel Flan

KOOSTISOSAD:
- ¾ tassi suhkrut
- ¼ tassi vett
- 14 untsi kondenspiima purki
- 12 untsi purki aurustunud piima
- 3 suurt muna
- ½ tassi Baileys
- ½ supilusikatäit vaniljeekstrakti
- näputäis soola

JUHISED:
a) Kuumuta ahi 350 F-ni.
b) Valmistage kuldpruun suhkrusiirup, keetes suhkur ja vesi väikeses kastrulis. Pange oma pann valmis!
c) Keerake kuuma suhkrukaramelli pannil ringi, kattes hästi küljed ja põhi. Kõrvale panema.
d) Vahusta kondenspiim, aurutatud piim, munad, Baileys, vaniljeekstrakt ja sool.
e) Valage pannile ja küpsetage veevannil umbes 1 tund, kuni see ei jää keskele sädelevaks.
f) Laske üleöö seista ja vormi lahti saamiseks asetage pann karamelli lahti saamiseks sooja vette. Tõsta taldrikule kiiresti ümber ja serveeri jahtunult.

87.Vürtsikas Horchata Flan

KOOSTISOSAD:
- ¾ tassi granuleeritud suhkrut
- Kosher sool
- ½ tl jahvatatud kaneeli
- ⅛ teelusikatäis Cayenne'i (või rohkem, olenevalt sellest, kui palju kuumust sulle meeldib)
- 10 Pete ja Gerry orgaanilist munakollast
- 6 untsi horchata kontsentraati
- 2 (12 untsi) purki aurutatud piima

JUHISED:
a) Kuumuta ahi temperatuurini 350 ° F. Segage väikeses kastrulis keskmisel-kõrgel kuumusel 3 supilusikatäit vett, suhkrut ja näpuotsaga soola. Ilma segamata sulatage suhkur kuni täieliku lahustumiseni, umbes 5 minutit.
b) Kui suhkur on sulanud , keerake kuumus keskmiselt madalaks ja jätkake küpsetamist, kuni see on omandanud sügava merevaigukollase värvuse, aeg-ajalt pannil õrnalt keerutades 15–18 minutit. Vajadusel reguleerige kuumust madalaks.
c) Niipea, kui karamell on omandanud sügava merevaiguvärvi, alandage kuumust, lisage jahvatatud kaneel ja cayenne ning keerake pannil tugevalt segunemiseks. Seejärel valage karamell kohe 8-tollisse koogivormi või jagage ühtlaselt ramekiinide vahel. Lase karamellil täielikult jahtuda.
d) Kuni karamell jahtub, segage suures kausis munakollased, horchata kontsentraat ja aurutatud piim. Vahusta väga õrnalt ringjate liigutustega. Mida kõvemini vahustate, seda rohkem mullid tekivad teie vanillikaste, jättes valmistootesse mullid.
e) Valage segu õrnalt läbi võrgusõela mõõtetopsi. Sul peaks olema umbes 4 tassi segu. Laske segul seista, et tekkinud mullid settida . Vala segu koogivormi või jaota segu ühtlaselt ramekiinideks.
f) Asetage küpsetuspann röstimispanni sisse, seejärel asetage röstimispann ahju. Lisage röstimispannile podisevat vett, nii et see ümbritseks panni umbes 1 tolli veega. Küpseta 40–45 minutit, kuni see on servadest kõva ja keskelt veel kõikuv.
g) Eemaldage pann veevannilt ja laske jahtuda toatemperatuurini. Tõsta külmkappi ja lase tarduda, umbes 4 tundi. Kui olete serveerimiseks valmis, eemaldage plaat külmkapist ja laske 10 minutit seista. Tõstke nuga ümber servade ja asetage serveerimisvaagen tagurpidi üleval. Pöörake plaat vaagnale, kraapides lahtise karamelli välja.

88. Vürtspipart

KOOSTISOSAD:
- 1 tass granuleeritud suhkrut
- 6 suurt muna
- 1 purk (14 untsi) magustatud kondenspiima
- 2 tassi täispiima
- 1 tl vaniljeekstrakti
- 1 tl jahvatatud piment

JUHISED:
a) Kuumuta oma ahi temperatuurini 350 ° F.
b) Kuumuta suhkrut väikeses potis keskmisel kuumusel pidevalt segades, kuni see sulab ja muutub kuldpruuniks.
c) Valage karamell 9-tollisse ümmargusse koogivormi ja keerake see ümber, et katta vormi põhi ja küljed.
d) Vahusta suures segamiskausis munad, kondenspiim, täispiim, vaniljeekstrakt ja jahvatatud pipar, kuni need on hästi segunenud.
e) Vala segu ettevalmistatud pannile.
f) Asetage pann suurele röstimispannile ja valage röstimisnõusse nii palju kuuma vett, et see ulatuks koogivormi külgede poole.
g) Küpsetage umbes 50-55 minutit või kuni plaat on tahenenud, kuid keskelt jääb see siiski säbruliseks.
h) Tõsta koogivorm veevannilt ja lase jahtuda toatemperatuurini.
i) Kui see on jahtunud, pöörake plaat serveerimisnõule ja kaunistage jahvatatud pipraga.

TRES LECHES KOOK

89.Passionfruit Tres Leches kook

KOOSTISOSAD:
TOOGI JAOKS:
- 12 supilusikatäit (170 g) soolata võid, toatemperatuuril
- 1 ½ tassi (297 g) granuleeritud suhkrut
- 7 suurt (397 g) muna
- 1 ½ teelusikatäit (7 g) vaniljeekstrakti
- 2 ¼ tassi (271 g) universaalset jahu
- 1 ½ teelusikatäit (6 g) küpsetuspulbrit
- ¾ teelusikatäit (3 g) peent meresoola

LEOTAMINE:
- ¾ tassi (185 g) passionimahla (soovitatav Goya kaubamärk)
- ½ tassi (112 g) täispiima
- Üks (14 untsi) purk magustatud kondenspiima
- Üks (12 untsi) purk aurutatud piima
- Kergelt magustatud vahukoor, viimistluseks
- Passionivilja viljaliha, viimistlemiseks

JUHISED:

a) Kuumuta ahi temperatuurini 350 °F. Määrige 9x13 pann kergelt mittenakkuva pihustiga.
b) Vahusta või ja suhkur abaludega varustatud elektrimikseri kausis 4–5 minuti jooksul heledaks ja kohevaks.
c) Lisa ükshaaval munad ja sega ühtlaseks. Lisage vanill ja segage segu.
d) Vahusta keskmises kausis jahu, küpsetuspulber ja sool. Lisage segu segistisse ja segage, kuni see on segunenud. Kraapige hästi, et tainas seguneks ühtlaselt .
e) Vala segu ettevalmistatud ahjuvormi. Küpseta, kuni keskele torgatud hambaork tuleb puhtana välja, 38–40 minutit. Lase täielikult jahtuda.
f) Torka kook puuvardaga üleni. Vala passionimahl ühtlaselt kogu koogile. Vahusta suures valamistilaga anumas piim, magustatud kondenspiim ja aurutatud piim omavahel segamiseks.
g) Vala segu õrnalt kogu koogile, lastes sellel läbi aukude imbuda. Kui pinnale koguneb vedelikku, tõsta see lusikaga tagasi koogile, kuni see imendub (lase seista umbes 30 minutit).
h) Viimistle kook vahukoore ja värske passionivilja viljalihaga. Serveeri kohe või hoia enne serveerimist kuni 5 tundi külmkapis.

90.Guajaav Tres Lechesi kook

KOOSTISOSAD:

TOOGI JAOKS:
- 1 ¾ tassi jahu
- 1 tl küpsetuspulbrit
- ¼ teelusikatäit soola
- 6 muna, eralda munakollased valgetest
- ½ tassi soolamata võid, toatemperatuur
- 1 tass valget granuleeritud suhkrut
- ½ tassi täispiima
- 2 tl vaniljeekstrakti

TRES LECHESI GLAASI KOHTA:
- 14 untsi magustatud kondenspiima
- 12 untsi aurutatud piima
- 12 untsi täispiima (maitse järgi võib rohkem lisada)

VAHUTUKREEEMI JA GUAVA KATTEGA:
- 2 tassi rasket koort
- 3 supilusikatäit valget granuleeritud suhkrut
- 1 tl vaniljeekstrakti
- ½ tassi guajaavimarmelaadi (maitse järgi võib rohkem lisada)

JUHISED:

TEE KOOK:
a) Vahusta kausis jahu, küpsetuspulber ja sool. Kõrvale panema.
b) Eraldage munad, asetage valged puhtasse kaussi.
c) Sega segistis või ja suhkur. Sega kreemjaks (umbes 3-5 minutit).
d) Lisa ükshaaval munakollased, segades pärast iga lisamist.
e) Sega juurde vaniljeekstrakt ja ½ tassi piima.
f) Kuumuta ahi 350 kraadini F.
g) Lisa jahusegu vähehaaval märgade koostisosade hulka, kraapides vastavalt vajadusele kausi külgi.
h) Tõsta tainas eraldi kaussi.
i) Vahusta puhtas segamiskausis munavalged, kuni moodustuvad tugevad piigid.
j) Klopi lahtiklopitud munavalged koogitainasse.
k) Määri 9x13 ahjuvorm rasvaga ja vala sisse tainas.

l) Küpsetage temperatuuril 350 kraadi F 25-30 minutit või kuni hambaork on kuiv.
m) Võta kook ahjust välja ja torka sellesse kahvliga augud.
n) Sega kausis magustatud kondenspiim, aurutatud piim ja täispiim. Vala glasuur koogile ½ tassi kaupa, korrates 2-3 korda.
o) Kõige peale tõsta vahukoor ja guajaavimarmelaaditükid. Keera guajaavimarmelaad vahukoore hulka.
p) Enne serveerimist hoia vähemalt 4 tundi või üleöö külmkapis.

VAHUTUKREEMIKATE:
q) Segistis lisage koor, suhkur ja vaniljeekstrakt.
r) Sega suurel kiirusel, kuni tekivad jäigad tipud ja see meenutab vahukoort. Ärge segage üle.
s) Täielikult jahtunud kook katteks vahukoore ja guajaavimarmelaaditükkidega. Nautige!

91. Baileys Tres Lechesi kook

KOOSTISOSAD:
TOOGI JAOKS:
- 1 ½ tassi (6,75 untsi või 191 grammi) universaalset jahu
- 1 ½ teelusikatäit küpsetuspulbrit
- ½ tl koššersoola
- ½ tassi (4 untsi või 113 grammi) täispiima
- 1 ½ tl puhast vaniljeekstrakti
- 6 suurt muna, eraldatud valgeteks ja munakollasteks
- 1 tass (7 untsi või 198 grammi) granuleeritud suhkrut

BAILEYS TRES LECHES LEOTUSE KOHTA:
- 1 (14 untsi) purk magustatud kondenspiima
- 1 (12 untsi) purk aurustunud piima
- ½ tassi (4 untsi või 113 grammi) Baileys Irish Cream

vahukoore jaoks:
- 1 ½ tassi (12 untsi või 340 grammi) külma rasket koort
- ¼ tassi (1 unts või 28 grammi) kondiitri suhkrut, vajadusel sõelutud
- Kakaopulber, kaunistuseks
- Espressopulber, kaunistuseks

JUHISED:
BAILEYS TRES LECHESI KOOGI JAOKS:

a) Kuumuta ahi temperatuurini 350 °F ja piserdage 9 x 13-tollist koogivormi küpsetuspihustiga.

b) Vahusta väikeses kausis jahu, küpsetuspulber ja sool. Eraldi anumas vahusta piim ja vanill.

c) Vahusta munavalged püstmikseris, kuni moodustuvad tugevad piigid. Vahusta teises kausis munakollased ja suhkur kahvatukollaseks. Lisa aeglaselt märjad ained ning sega hulka kuivained ja munavalged.

d) Valage tainas ettevalmistatud pannile ja küpsetage 18–20 minutit. Jahuta restil täielikult maha.

LEOTAMISEKS:

e) Kui kook on jahtunud, torka selle peale kahvliga augud. Klopi mõõtetopsis kokku magustatud kondenspiim, aurutatud piim ja Baileys. Vala aeglaselt koogile, lastes vedelikul sisse imbuda. Hoia külmkapis 3–4 tundi või üleöö.

vahukoore jaoks:
f) Sega segistis külm koor ja kondiitri suhkur. Vahusta, kuni moodustuvad pehmed tipud.

KOKKUPANEK serveerimiseks:
g) Määri vahukoor nihkelabida abil koogile.
h) Kaunista kakaopulbri ja espressopulbriga.

92. Valge vene Tres Leches

KOOSTISOSAD:
TOOGI JAOKS:
- 1 ¾ tassi koogijahu
- 2 tl küpsetuspulbrit
- 4 muna, eraldatud
- 1 ½ tassi granuleeritud suhkrut
- ¼ teelusikatäit soola
- 2 tl vaniljeekstrakti
- ½ tassi täispiima

KASTE:
- 1 (14 untsi) purk kondenspiima
- 1 (12 untsi) purk aurustunud piima
- ½ tassi täispiima
- ⅓ tassi viina
- ⅓ tassi kohvijooki (nt Kahlua)
- ⅓ tassi liri koorevedelikku (nt Bailey's)

KATTEKS:
- 2 tassi rasket koort
- 1 ½ supilusikatäit granuleeritud suhkrut
- 2 tl vaniljeekstrakti
- Magustamata kakaopulber tolmutamiseks (valikuline)

JUHISED:
a) Kuumuta ahi temperatuurini 350 °F (177 °C, märk 4).
b) Sõelu kokku koogijahu, küpsetuspulber ja sool. Kõrvale panema.
c) Vahusta munavalged koos vispliga või suures saumikseriga segamiskausis keskmisel kiirusel vahuvanni meenutamiseni. Lisa 1 ½ tassi suhkrut ja vahusta suurel kiirusel, kuni moodustuvad jäigad tipud.
d) Klopi ükshaaval sisse munakollased. Lisa pool kuivainetest, pool piimast ja vaniljeekstraktist, ülejäänud kuivained ja ülejäänud piim. Segage, kuni see on lihtsalt segunenud, seejärel valage 9x13-tollisse ahjuvormi.
e) Küpseta 30–35 minutit, kuni keskele sisestatud tester tuleb puhtana välja.

f) Sega kastme ained kausis ühtlaseks massiks. Kui kook on veel soe, torka vardaga selle peale augud ja vala kaste ühtlaselt koogile.
g) Hoia kooki külmkapis vähemalt 2 tundi või eelvalmistamise korral üleöö.
h) Katte jaoks vahusta suurel kiirusel koor ja suhkur, kuni moodustuvad tugevad piigid. Sega juurde vanill.
i) Torka või määri koogi peale vahukoor ja puista soovi korral magustamata kakaopulbriga.
j) Serveeri ja naudi!

93. Virsik Bourbon Tres Leches

KOOSTISOSAD:
TOOGI JAOKS:
- 1 tass universaalset jahu
- 1 ½ teelusikatäit küpsetuspulbrit
- ¼ teelusikatäit soola
- 5 muna, toasoe
- 1 tass suhkrut, jagatud
- ⅓ tassi piima
- ½ tl vaniljeekstrakti

PIIMASEGU KOHTA:
- 1 (14 untsi) purk magustatud kondenspiima
- 1 (12 untsi) purk aurustunud piima
- ¾ tassi rasket vahukoort
- ¼ tassi burbooni
- ½ tl kaneeli

KOOSTAMISEKS:
- 4 kuni 5 virsikut, soovi korral kooritud ja viilutatud

VAHUTATUD KAITE:
- 2 ½ tassi rasket koort
- ¼ tassi suhkrut

JUHISED:
a) Kuumuta ahi 350 kraadini. Määri 9x13-tolline pann võiga. Vooderda pann küpsetuspaberiga ja määri see kergelt võiga.
b) Sõelu omavahel jahu, küpsetuspulber ja sool.
c) Vahusta elektrimikseris keskmisel kiirusel munakollased ¾ tassi suhkruga kahvatuks ja kreemjaks (umbes 2 minutit). Vahusta piim ja vanill.
d) Vahusta munavalged puhtas segamiskausis madalal kiirusel ja suurel kiirusel, kuni moodustuvad pehmed piigid (umbes 2–3 minutit). Lisage järk-järgult ¼ tassi suhkrut, jätkates vahustamist, kuni moodustuvad tugevad tipud.
e) Töötades kolmandiku kaupa, sega kummilabida abil munakollasesegu hulka ⅓ jahusegust ja seejärel ⅓ munavalgetest. Korrake seda protsessi veel 2 korda.

f) Valage tainas ettevalmistatud pannile ja küpsetage 20–25 minutit. Lase koogil 5 minutit jahtuda, seejärel kummuta see jahutusrestile, eemalda küpsetuspaber ja lase täielikult jahtuda. Tõsta kook tagasi ahjupannile.
g) Sega keskmises kausis kokku magustatud kondenspiim, aurutatud piim, ¾ tassi tugevat vahukoort, bourbon ja kaneel.
h) Torgake kook kahvliga läbi ja valage burboonisegu koogi peale.
i) Kata kook kilega ja hoia vähemalt 4 tundi või üleöö külmkapis.
j) Kata koogi pealt virsikuviiludega, jäta paar viilu kaunistuseks alles.
k) Vahustatud katte valmistamiseks vahusta keskmisel kiirusel elektrimikseriga vahukoort. Kui see hakkab paksenema, lisage aeglaselt suhkur. Jätka vahustamist, kuni see hoiab tugevaid piike. Määri see koogi peale.
l) Kaunista reserveeritud virsikuviiludega.
m) Nautige seda jahedat, kreemjat ja rikkalikku Peach Bourbon Tresi Leches Cake teie järgmisel suvisel koosviibimisel!

94.Margarita Tres Lechesi kook

KOOSTISOSAD:
- 4 suurt muna, eraldatud
- 1 tass suhkrut
- ½ tassi tequilat
- ½ tassi sulatatud võid
- 6 spl Key laimi mahla, jagatud
- 1 tl vaniljeekstrakti
- 1–¾ tassi universaalset jahu
- 1 tl söögisoodat
- ½ tl soola
- ½ tassi kondiitri suhkrut
- 1 tl koort hambakivi
- 1 purk (14 untsi) magustatud kondenspiima
- 1 tass 2% piima
- ½ tassi aurutatud piima
- ½ tassi rasket vahukoort
- Valikuline: vahukoor, laimiviilud ja koor

JUHISED:

a) Asetage munavalged suurde kaussi; lase 30 minutit toatemperatuuril seista. Määri ja jahu 13x9-tolline. küpsetuspann; kõrvale panema. Kuumuta ahi 375°-ni.

b) Vahusta suhkur, tequila, sulatatud või, munakollased, 3 spl laimimahla ja vanill, kuni see on hästi segunenud. Kombineeri jahu, söögisoodat ja soola; klopi järk-järgult munakollasesegu hulka, kuni see on segunenud.

c) Lisa munavalgetele kondiitri suhkur ja koor; klopi puhaste visplitega kuni tekivad jäigad tipud. Voldi taignasse. Tõsta ettevalmistatud pannile.

d) Küpseta, kuni keskele torgatud hambaork tuleb puhtana välja, 18-20 minutit. Asetage pann restile. Torka puuvardaga koogi sisse augud üksteisest umbes ½ tolli kaugusel.

e) Vahusta kondenspiim, 2% piim, aurutatud piim, vahukoor ja järelejäänud laimimahl segamiseni. Nirista koogile; lase seista 30 minutit. Enne serveerimist hoia 2 tundi külmkapis.

f) Lõika kook ruutudeks. Soovi korral kaunista vahukoore, laimiviilude ja koorega.

95.Pumpkin Spice Tres Lechesi kook

KOOSTISOSAD:
TOOGI JAOKS:
- 1½ tassi granuleeritud valget suhkrut
- 15 untsi (1 purk) puhast kõrvitsapüreed (ärge kasutage kõrvitsapiruka täidist)
- ¾ tassi taime- või rapsiõli
- 2 tl puhast vaniljeekstrakti
- 4 suurt muna
- 2 tassi universaalset jahu
- 2 tl küpsetuspulbrit
- 1 tl söögisoodat
- ½ tl soola
- 2 tl jahvatatud kaneeli
- 1½ tl kõrvitsapiruka vürtsi

TRES LECHES TÄIDISE KOHTA:
- ¾ tassi rasket vahukoort
- 12 untsi aurutatud piima (üks purk)
- 14 untsi magustatud kondenspiima (üks purk)

vahukoore KRASTUMISEKS:
- 1¼ tassi rasket vahukoort
- ¼ tassi kondiitri suhkrut
- Jahvatatud kaneel pealmise osa tolmutamiseks (valikuline)

JUHISED:
a) Kuumuta ahi temperatuurini 350 °F. Määri 13x9 kergmetallist ristkülikukujuline ahjupann küpsetuspritsiga. Kõrvale panema.

b) Segage segisti suures kausis granuleeritud suhkur, kõrvitsapüree, õli, munad ja vaniljeekstrakt, kuni need on lihtsalt segunenud. Vahusta eraldi kausis jahu, küpsetuspulber, sooda, sool ja maitseained. Lisa jahusegu vähehaaval kõrvitsasegule, sega ühtlaseks. Vala tainas ettevalmistatud pannile ja silu pealt.

c) Küpseta 25-30 minutit või kuni keskele torgatud hambaork tuleb puhtana välja. Lase 15 minutit jahtuda.

d) Kuni kook jahtub, vahusta kausis kokku tugev vahukoor, aurutatud piim ja magustatud kondenspiim. Kõrvale panema.

e) Torka varda, tüübli või puulusika käepideme abil kogu sooja koogi peale augud. Vala piimasegu ühtlaselt koogile. Kata kaanega ja hoia 8 tundi või üleöö külmkapis.
f) Vahetult enne serveerimist vahusta vahukoor ja kondiitri suhkur, kuni moodustuvad tugevad piigid.
g) Määri vahukoor koogile ja puista soovi korral jahvatatud kaneeliga.
h) Hoia kooki külmkapis, kaetuna.

96.Cinnamon Tres Lechesi kook

KOOSTISOSAD:
TOOGI JAOKS:
- 1 tass universaalset jahu
- 1 ½ teelusikatäit küpsetuspulbrit
- ¼ teelusikatäit soola
- 4 suurt muna
- 1 tass granuleeritud suhkrut
- ⅓ tassi täispiima
- 1 tl vaniljeekstrakti

PIIMASEGU KOHTA:
- 1 purk (14 untsi) magustatud kondenspiima
- 1 purk (12 untsi) aurutatud piima
- 1 tass täispiima

KATTEKS:
- 2 tassi rasket koort
- 2 spl tuhksuhkrut
- Kaunistuseks jahvatatud kaneel

JUHISED:

a) Kuumuta ahi temperatuurini 350 °F (175 °C) ja määri 9x13-tolline küpsetusvorm rasvaga.
b) Sõelu kaussi omavahel jahu, küpsetuspulber ja sool.
c) Vahusta eraldi kausis munad ja suhkur heledaks ja kohevaks vahuks. Lisa piim ja vaniljeekstrakt ning sega korralikult läbi.
d) Lisa munasegule vähehaaval kuivained ja sega ühtlaseks massiks.
e) Valage tainas ettevalmistatud ahjuvormi ja küpsetage umbes 30 minutit või kuni keskele torgatud hambaork tuleb puhtana välja.
f) Kuni kook on veel soe, torka see kõik kahvliga läbi.
g) Eraldi kausis segage kolm piima (magustatud kondenspiim, aurutatud piim ja täispiim).
h) Vala kolme piima segu ühtlaselt soojale koogile. Laske sellel leotada ja jahutada toatemperatuurini.
i) Teises kausis vahusta koor tuhksuhkruga, kuni moodustuvad tugevad piigid.
j) Määri vahukoor koogi peale.
k) Jahutage Tres Leches kook külmkapis paar tundi enne serveerimist.
l) Vahetult enne serveerimist puista üle jahvatatud kaneeliga.

MAGUSTOTAAVID

97.Cinco De Mayo Fiesta magustoidulaud

KOOSTISOSAD:
- Churro Bites
- Tres Lechesi koogiruudud
- Margarita koogikesi
- Dulce de Leche'iga täidetud konchad
- Mangoviilud tšilli-laimi maitseainega
- Mehhiko šokolaaditrühvlid
- Piñata suhkruküpsised

JUHISED:
a) Korraldage churro hammustused ja tres leches kooki ruudud.
b) Asetage margarita koogikesed ja dulce de leche -täidisega koogid .
c) Puista peale mangoviilud tšilli-laimimaitseainega.
d) Kaasake Mehhiko šokolaaditrühvlid ja piñata suhkruküpsised.

98.Churro magustoidulaud

KOOSTISOSAD:
- Isetehtud või poest ostetud churros
- Dulce de leche kaste
- Šokolaadikaste
- Kaneelisuhkur
- Värsked marjad (maasikad, vaarikad, mustikad)
- Viilutatud mangod
- Tükeldatud ananassid
- Vahukoor
- Miniatuursed Mehhiko kommid (nt vürtsikad tamarindikommid)
- Karamellkaste (valikuline)

JUHISED:
a) Asetage churros suure serveerimislaua või vaagna keskele.
b) Asetage churrode ümber väikesed kausid dulce de leche kastme, šokolaadikastme ja kaneelisuhkruga.
c) Asetage värsked marjad, viilutatud mangod ja viilutatud ananassid laua ümber kobaratesse.
d) Lisa puuviljakobarate vahele vahukooretükid.
e) Värvi ja maitse lisamiseks puista lauale laiali miniatuursed Mehhiko kommid.
f) Soovi korral nirista churrodele karamellikastet, et lisada magusust.
g) Serveeri churro magustoidulaud ja naudi!

99.Tres Lechesi magustoidulaud

KOOSTISOSAD:
- Tres leches kook, lõigatud väikesteks ruutudeks
- Vahukoor
- Viilutatud maasikad
- Viilutatud kiivid
- Viilutatud virsikud
- Viilutatud banaanid
- Röstitud kookoshelbed
- Hakitud pähklid (nt mandlid või pekanipähklid)
- Kaunistuseks värsked piparmündilehed
- Dulce de leche kaste (valikuline)

JUHISED:
a) Korraldage tres Leches koogiruudud suure serveerimislaua või vaagna keskele.
b) Aseta vahukooretükid ümber koogiruutude.
c) Asetage viilutatud maasikad, kiivid, virsikud ja banaanid laua ümber kobaratesse.
d) Puista vahukoorele ja puuviljadele röstitud kookoshelbed ja hakitud pähklid.
e) Kaunista värskete piparmündilehtedega, et saada värviline efekt.
f) Soovi korral nirista peale dulce de leche kastet leches koogiruudud magususe lisamiseks.
g) Serveeri tres leches magustoidulaud ja naudi!

100. Mehhiko puuviljasalati magustoidulaud

KOOSTISOSAD:
- Erinevad värsked puuviljad (nagu arbuus, kantaluup, mesikaste, ananass, mango, jicama, kurk)
- Tajín maitseaine
- Laimi viilud
- Chamoy kaste
- Tamarindi kommid
- Kookospähkli laastud
- Mehhiko paleed (mehhiko) erinevate maitsetega (nagu mango, laim või kookospähkel)
- Kaunistuseks värsked piparmündilehed

JUHISED:
a) Lõika värsked puuviljad suupistesuurusteks tükkideks ja aseta need värvilistesse kobaratesse suurele serveerimislauale või vaagnale.
b) Puista Tajíni maitseainet puuviljadele või serveeri väikeses kausis küljel.
c) Asetage laimiviilud laua ümber, et puuviljade peale pigistada.
d) Piserdage mõnele puuviljale seemiskastet, et saada teravat ja vürtsikat maitset.
e) Lisa tekstuuri ja maitse saamiseks puista tamarindikommid ja kookoslaastud laua ümber laiali.
f) Värskendava maiuspala saamiseks asetage tahvlile erineva maitsega Mehhiko paleed (mehhikopale).
g) Kaunista värskete piparmündilehtedega viimistluse saamiseks.
h) Serveeri Mehhiko puuviljasalati magustoidulaud ja naudi troopika elavaid maitseid!

KOKKUVÕTE

Kui lõpetame oma kulinaarse teekonna läbi Cinco de Mayo elava ja maitsva maailma, loodan, et see kokaraamat on pakkunud teile inspiratsiooni, rõõmu ja sügavamat tunnustust Mehhiko köögi ja kultuuri vastu. Tacode särinast tres magususeni leches, on iga retsept koostatud hoolikalt, et tuua teie toidulauale Cinco de Mayo tõeline essents.

Tahan teile südamest tänu avaldada, et olete minuga sellel maitsval seiklusel ühinenud. Teie entusiasm ja kirg uute maitsete uurimise ja erinevate kultuuride tähistamise vastu on muutnud selle teekonna tõeliselt eriliseks. Olgu teie tulevased Cinco de Mayo pidustused täis naeru, armastust ja unustamatuid kulinaarseid elamusi.

Kui jätkate Mehhiko köögi rikkaliku gobelääniga avastamist, leidke teile rõõmu nende maitsvate roogade jagamisest oma lähedastega ja hinnaliste mälestuste loomisest söögilaua taga . Olenemata sellest , kas korraldate pidulikke koosviibimisi, naudite hubaseid peresööke või lihtsalt kostitate end maitsva taco või küpsetisega leches kook, olgu Cinco de Mayo vaim alati teiega.

Tänan teid veel kord, et lubasite mul teie kulinaarsest seiklusest osa saada. Kuni taaskohtumiseni, olgu teie köök täidetud Mehhiko elavate maitsete ja sooja külalislahkusega. ¡Ela Cinco de Mayo!

www.ingramcontent.com/pod-product-compliance
Lightning Source LLC
Chambersburg PA
CBHW070346120526
44590CB00014B/1052